CODE

DES

DÉBITANTS DE BOISSONS

A L'USAGE DES

**LIMONADIERS, CAFETIERS, CABARETIERS
MAITRES D'HOTELS, AUBERGISTES, GÉRANTS DE CERCLES
LOGEURS, RESTAURATEURS, MARCHANDS DE VINS
ETC., ETC.**

COMPRENANT :

la Législation, la Jurisprudence et les Règles de police relatives à ces diverses professions. — Un Résumé sur les rapports des Débitants avec l'administration des Contributions
indirectes. — Un Traité sur les Falsifications et Tromperies, suivi d'un Tableau indiquant les Moyens de découvrir
les Falsifications et Altérations. — De nombreuses Formules pour Demandes, Réclamations, etc.

PAR

D. DE MAILHOL

ANCIEN MAGISTRAT

Entièrement remis à jour

PAR

M. J. DELON

AVOCAT

PARIS

Vve C. P. DAYRE, Éditeur

16, boulevard de Strasbourg, 16

1905

CODE

DES

DÉBITANTS DE BOISSONS

À L'USAGE DES

LIMONADIERS, CAFETIERS, CABARETIERS, MAITRES
D'HOTELS, AUBERGISTES, GÉRANTS DE CERCLES,
LOGEURS, RESTAURATEURS, MARCHANDS DE VINS
ETC., ETC.

COMPRENANT :

LA LÉGISLATION, LA JURISPRUDENCE ET LES RÈGLES DE POLICE
RELATIVES A CES DIVERSES PROFESSIONS ; UN RÉSUMÉ SUR
LES RAPPORTS DES DÉBITANTS AVEC L'ADMINISTRATION DES
CONTRIBUTIONS INDIRECTES, ET UN TRAITÉ SUR LES FALSIFI-
CATIONS ET TROMPERIES SUIVI D'UN TABLEAU INDIQUANT LES
MOYENS DE DÉCOUVRIR LES FALSIFICATIONS ET ALTÉRATIONS,
ET DE NOMBREUSES FORMULES POUR DEMANDES, RÉCLAMA-
TIONS, ETC.

PAR

D. DE MAILHOL

ANCIEN MAGISTRAT

Entièrement remis à jour

PAR

M. J. DELON

AVOCAT

V. C. P. DAYRE, ÉDITEUR

16, boulevard de Strasbourg, 16

PARIS

L'origine de l'institution des *Débitants de boissons*, telle que la tradition nous l'a conservée, paraît être l'œuvre des Romains qui, au milieu de leurs nombreuses guerres, avaient dû renoncer, pour se consacrer exclusivement à l'art militaire, à prendre soin du côté matériel de leur existence.

En effet, lorsque revenant de leurs expéditions lointaines, chargés, la plupart du temps, non seulement de lauriers, mais encore d'une quantité considérable de butin, ils ne trouvaient souvent pour les recevoir et leur donner l'hospitalité que des amis, à défaut de parents, chez lesquels un séjour ne pouvait être de longue durée.

Il s'ensuivit qu'on vit alors peu à peu des groupes se former dans lesquels chacun, payant sa quote part, laissait le soin des besoins domestiques à un affranchi qui, moyennant un maigre salaire, était chargé de préparer la nourriture de chaque jour.

Peu de temps après, cette organisation ayant donné d'excellents résultats, on vit s'élever de toutes parts des *tabernæ* et des *popinæ*.

Les tabernæ, *tavernes*, furent d'abord des baraques construites de planches, dans lesquelles on trouvait toutes sortes de boissons qui étaient vendues en détail.

La taverne (taberna) était surtout fréquentée par les plébéiens ; les *popinæ*, situés près des théâtres et des bains publics, étaient le rendez-vous de tout ce que Rome comptait de plus débauché parmi les patriciens ; c'était le cabaret à la mode de nos jours. Ces établissements différaient des *tabernæ* en ce que, tandis que dans ces derniers on ne servait absolument que des boissons, on pouvait dans les popinæ se faire servir à boire et à manger.

Nous trouvons dans Horace des détails très curieux sur la vogue que ces établissements eurent à Rome et plus tard chez tous les peuples latins, et leur importance fut telle dans la suite, qu'on fut obligé de les réglementer d'une façon plus sévère et en rapport avec les mœurs de l'époque.

Il est hors de doute que nous devons la création de ces établissements en France, aux Romains qui, dans toutes les conquêtes qu'ils faisaient, ne manquaient pas d'introduire leurs coutumes et leurs usages dans les provinces conquises.

Ce ne fut qu'en 1680, lorsque les guerres de Louis XIV eurent augmenté dans une proportion considérable le nombre des individus fréquentant les tavernes, que les taverniers furent autorisés à donner à boire et à manger.

Désormais il n'y eut plus de différence entre les tavernes et les cabarets quant aux choses que l'on y vendait : seulement les premiers établissements devenaient toujours le lieu de rendez-vous des manants, tandis que les seconds étaient exclusivement fréquentés par les gentilshommes de robe et d'épée.

Les tavernes et les cabarets donnèrent peu après naissance aux auberges, dans lesquelles on trouvait non seulement la table, mais encore le lit et la chandelle, et enfin on en arriva à la création de ces splendides hôtels et de ces luxueux cafés qui semblent être le dernier mot de ce que la civilisation humaine peut offrir de plus confortable et de plus sérieux.

Ces diverses périodes de transformation ne s'accomplirent pas sans que la police, dont le soin principal est de veiller sur tous les lieux où il se fait des rassemblements d'hommes, n'imposât aux directeurs de ces établissements des prescriptions parfois très sévères que justifiaient les coutumes et les mœurs de l'époque.

Les tavernes surtout étaient fréquentées par tout ce que l'on pouvait compter de vagabonds et de malfaiteurs, et ce n'était pas la moindre de ses inquiétudes non seulement de maintenir l'ordre dans ces établissements, mais encore de surveiller les habitués et de les empêcher par une vigilante répression de mettre à exécution les crimes plus ou moins importants qu'ils y venaient perpétrer.

Déjà, avant Charles IX, nul ne pouvait être tavernier ou cabaretier, sans qu'il eût justifié, non seulement qu'il était de bonnes vie et mœurs, mais encore qu'il était parfait catholique.

Et on avait poussé le scrupule si loin au sujet de cette profession, qu'on avait décidé que l'exercice en était incompatible avec toute fonction publique et avec un certain nombre de métiers.

Henri III, en 1577, obligea, dans un but fiscal, ceux qui voulaient être taverniers ou cabaretiers à se munir d'une permission royale. Louis XIII rendit plus tard ces permissions héréditaires et Louis XIV maintint ces diverses prescriptions en ajoutant le droit pour le tavernier de louer ou de vendre, avec l'autorisation royale, la maison qu'il exploitait.

De nouvelles ordonnances, de plus en plus sévères, réglementèrent la police de ces lieux.

Ils devaient notamment être fermés le soir, à Paris, à l'heure du couvre-feu qui d'abord, en 1596, était à sept heures en hiver et à huit heures en été, en 1666, à six heures en hiver et à neuf heures en été, et plus tard à huit en hiver et à dix heures en été.

Les taverniers et cabaretiers ne pouvaient recevoir personne les dimanches et fêtes pendant le service divin, ni donner à manger de la viande pendant toute la durée du carême.

Il leur était aussi interdit de laisser jouer chez eux à des jeux de cartes, de dés et autres jeux de hasard, et de souffrir aucun blasphème ou jurement sous les peines les plus sévères ; ils ne pouvaient en outre poursuivre en justice les dépenses faites dans leurs établissements, non seulement par les militaires, mais encore par les gens de la ville ou du bourg.

Mais ces exceptions n'étaient pas applicables aux hôteliers qui avaient le droit, ainsi que cela a lieu de nos jours, de se payer de la dépense faite chez eux, en retenant les bagages, effets et chevaux des voyageurs.

L'hôtelier, de son côté, ne pouvait fermer ni abandonner son hôtellerie, qu'un an après en avoir fait la déclaration aux juges auxquels il devait justifier de motifs légitimes sous peine de confiscation et de prison.

Toutes les lois et ordonnances réglementant la police de ces établissements sont en partie abrogées ou tombées en désuétude. La loi du 17 Juillet 1880, dont nous allons nous occuper dans le cours de cet ouvrage, a posé en principe la liberté complète de ces diverses industries, ne laissant revivre du passé que les prescriptions qui ne sont pas contraires à la réglementation nouvelle.

Le législateur a fini par comprendre que, si certaines industries doivent être soumises à des mesures de police, il ne faut pas que ces mesures aient pour objet d'entraver l'exercice d'une profession qui, à l'époque de progrès dans laquelle nous vivons, constitue un commerce réel dans lequel on ne peut trouver des chances de réussite que si on le fait rentrer dans le droit commun.

D. DE M.

CODE

DES

DÉBITANTS DE BOISSONS

DES DÉBITANTS DE BOISSONS EN GÉNÉRAL

Sous la dénomination de *débitants de boissons* on comprend administrativement toutes personnes qui donnent à boire dans des lieux à ce affectés.

Ouverture d'un établissement.

Toute personne qui veut ouvrir un café, cabaret ou autre débit de boissons à consommer sur place, est tenue à faire, quinze jours au moins à l'avance et par écrit, une déclaration indiquant :

1° Ses nom, prénoms, lieu de naissance, profession et domicile ;

2° La situation du débit ;

3° A quel titre elle doit gérer le débit et les nom, prénoms, profession et domicile du propriétaire, s'il y a lieu.

Cette déclaration est faite à la mairie de la commune où le débit doit être établi.

A Paris, elle est faite à la préfecture de police.

Il en est donné immédiatement récépissé. — Voy. formule n° 1.

Dans les trois jours de cette déclaration, le maire de la commune où elle aura été faite en transmettra copie intégrale au procureur de la République de l'arrondissement. — Loi du 17 juillet 1880, art. 2.

Le décret du 29 décembre 1851, qui constituait un véritable régime d'exception pesant sur toute une catégorie d'industriels, a disparu complètement aujourd'hui. La législation qui lui a succédé, et qui consiste essentiellement dans la substitution d'une simple déclaration à l'autorité administrative, ne garde plus trace des dispositions préventives antérieures. Cette législation n'est, on peut le dire, qu'un retour au droit commun, limité seulement, à raison des conditions particulières dans lesquelles s'exerce l'industrie dont il s'agit, par la détermination précise de certaines incapacités, résultat de la situation pénale des intéressés et du défaut de garanties qui en est la conséquence.

De là toute une jurisprudence nouvelle.

Désormais, toute personne qui devra ouvrir un débit de boissons à consommer sur place n'aura qu'à faire, quinze jours au moins à l'avance et par écrit, à la mairie de la commune où le débit doit être établi, une déclaration rédigée conformément aux indications de l'article 2, et à laquelle il ne sera besoin de joindre aucune autre pièce.

Il a été établi, en effet, au cours de la discussion devant le Sénat, que, si la production du casier judiciaire devait être faite jadis à l'administration, alors qu'elle décidait souverainement sur les demandes d'ouverture de débits de boissons, cette obligation n'a plus sa raison d'être aujourd'hui que le rôle du maire se borne à délivrer, sans examen préalable et sans refus possible, récépissé de la déclaration et à transmettre copie de cette pièce au Procureur de la République de l'arrondissement, à qui il appartient de s'assurer de la capacité du déclarant au moyen de son casier judiciaire qu'il aura sous la main ou qu'il lui sera toujours facile de se procurer. — Circ. minist. int. 20 août 1880.

Mutation ; translation.

Toute mutation dans la personne du propriétaire ou du gérant devra être déclarée dans les quinze jours qui suivront. — Voy. formule n° 2.

La translation du débit d'un lieu à un autre devra être déclarée huit jours à l'avance. — Voy. formule n° 3.

La transmission de ces déclarations sera faite aussi au Procureur de la République de l'arrondissement, conformément aux dispositions édictées dans le précédent article 2. — Loi du 17 juillet 1880, art. 3.

L'infraction aux dispositions des deux précédents articles sera punie d'une amende de seize à cent francs. — *Ibid.*, art. 4.

D'après l'article 3, les mêmes déclarations devront être faites soit en cas de mutation dans la personne du propriétaire ou du gérant, soit en cas de translation du débit d'un lieu à un autre. Dans le premier cas, la déclaration devra être faite dans les quinze jours qui suivront la mutation ; dans le second, elle devra être déposée huit jours au moins avant la date de la translation, et la transmission des unes et des autres devra être faite également par le maire au Procureur de la République, ainsi qu'il est dit à l'article 2.

Ces diverses déclarations sont toutes d'ailleurs affranchies du timbre, mais non le récépissé. Cette dernière pièce devant être représentée à toute réquisition des agents de l'autorité, elle constitue un document destiné à être produit pour justification ou défense et doit, à ce titre, être soumise, en vertu de l'article 12 de la loi du 13 brumaire, au droit de timbre établi en raison de la dimension du papier. — Circ. minist. int. 20 août 1880.

Mineurs. — Interdits.

Les mineurs non émancipés et les interdits ne peuvent exercer par eux-mêmes la profession de débitant de boissons. — Loi du 17 juillet 1880, art. 5.

Incapables.

Ne peuvent non plus exploiter des débits de boissons à consommer sur place :

1° Tous les individus condamnés pour crimes de droit commun ;

2° Ceux qui auront été condamnés à un emprisonnement d'un mois au moins, pour vol, recel, escroquerie, filouterie, abus de confiance, recel de malfaiteurs, outrage public à la pudeur, excitation de mineurs à la débauche, tenue d'une maison de jeu, vente de marchandises falsifiées et nuisibles à la santé, conformément aux articles 379, 401, 405, 406, 407, 408, 248, 330, 334, 410 du Code pénal, à l'article 2 de la loi du 27 mars 1851.

L'incapacité sera perpétuelle à l'égard de tous les individus condamnés pour crimes.

Elle cessera cinq ans après l'expiration de leur peine à l'égard des condamnés pour délits, si, pendant ces cinq années, ils n'ont encouru aucune condamnation correctionnelle à l'emprisonnement. — Loi du 17 juillet 1880, art. 6.

Interdiction.

Les mêmes condamnations, lorsqu'elles seront prononcées contre un débitant de boissons à consommer sur place, entraîneront de plein droit contre lui, et pendant le même délai, l'interdiction d'exploiter un débit, à partir du jour où lesdites condamnations seront devenues définitives.

La même interdiction atteindra aussi tout débitant qui viendrait à être condamné à un mois d'emprisonnement, en vertu des articles 1er et 2 de la loi du 23 janvier 1873, pour la répression de l'ivresse publique.

Le débitant interdit ne pourra être employé, à quelque titre que ce soit, dans l'établissement qu'il exploitait, comme attaché au service de celui auquel il aurait vendu ou loué, ou par qui il ferait gérer ledit établissement, ni dans l'établissement qui serait exploité par son conjoint même séparé. — Loi du 17 juillet 1880.

Toute infraction aux dispositions des articles 5, 6 et 7, sera punie d'une amende de seize à deux cents francs.

En cas de récidive, l'amende pourra être

portée jusqu'au double et le coupable pourra, en outre, être condamné à un emprisonnement de six jours à un mois. — *Ibid.*, art 8.

Droits des Maires.

Les Maires pourront, les conseils municipaux entendus, prendre des arrêtés pour déterminer, sans préjudice des droits acquis, les distances auxquelles les cafés et débits de boissons ne pourront être établis autour des édifices consacrés à un culte quelconque, des cimetières, des hospices, des écoles primaires, et autres établissements d'instruction publique. — Loi du 17 juillet 1880, art. 9.

L'article 9 remet aux mains des maires un droit fort important, mais aussi d'une application très délicate, en leur conférant la faculté de déterminer, les conseils municipaux entendus, et sans préjudicier aux droits acquis, les distances auxquelles les débits de boissons ne pourront être installés autour des édifices consacrés au culte ou à l'instruction.

Deux excès contraires sont à redouter dans les questions de ce genre, auxquelles viennent toujours se mêler des intérêts personnels et des influences locales : trop de rigueur parfois, et parfois trop de complaisance. Mais les maires trouveront un utile appui en cette occurrence dans le concours du conseil municipal qui leur permettra de résister plus efficacement aux sollicitations dont on pourrait tenter de les circonvenir. Ils ne devront jamais perdre de vue, d'ailleurs, que les termes de l'article 9 sont absolument limitatifs et ne s'appliquent qu'aux lieux qui sont expressément désignés.

Certaines propositions avaient été formulées, en effet, lors de la discussion de la loi, afin d'étendre la même disposition à d'autres établissements, mais elles ont été écartées par le motif « qu'il fallait se borner au strict nécessaire, et ne point multiplier les points à protéger pour ne pas s'exposer à grever de nombreux immeubles d'une pareille servitude, qui ne peut se justifier que par des exigences normales ou sociales incontestables, et non se fonder sur de simples inconvénients. » — Circ. Minist. int. 20 août 1880.

Foire. — Fête publique.

Les individus qui, à l'occasion d'une foire, d'une vente ou d'une fête publique, établiraient des cafés, ou débits de boissons, ne seront pas tenus à la déclaration prescrite par l'article 2, mais ils devront obtenir l'autorisation de l'autorité municipale. — Voy. formule n° 4.

En cas d'infraction à la présente disposition, le débit sera immédiatement fermé, et le contrevenant puni de la peine portée en l'article 4. — Loi du 17 juillet 1880, art. 10.

DES AUBERGISTES & MAITRES D'HOTEL

L'aubergiste ou l'hôtelier est celui qui reçoit les voyageurs, passants et étrangers, les loge et leur donne à boire et à manger. L'aubergiste diffère du maître d'hôtel, du loueur de chambres garnies et du logeur au jour et à la semaine en ce qu'il donne à boire et à manger, et que ces derniers ne font que fournir le logement. Mais les uns et les autres, sous ce dernier rapport, sont assujettis aux mêmes règlements de police.

Déclarations d'exercice.

Les personnes qui veulent exercer cette profession sont tenues d'ordinaire, par les règlements de police locaux, d'en faire préalablement la déclaration à la mairie.

Cette déclaration doit être faite sur papier timbré. — Voir formule n° 5.

Registre.

Le déclarant doit se pourvoir du registre dont la tenue est prescrite par l'article 475, § 2 du Code pénal. Les commissaires de police sont chargés, d'ordinaire, d'inscrire sur ce registre le procès-verbal de paraphe ainsi conçu :

Le présent registre, contenant.... feuillets, a été coté et paraphé, sur chaque feuillet, par nous..... commissaire de police de...., pour servir au sieur (nom, prénoms), *tenant* (désignation de l'établissement), *rue...., n°... sous la dénomination de...., à charge par lui d'inscrire, jour par jour, sans aucun blanc, ni interligne, et suivant les indications portées en tête de chaque colonne, les personnes qui coucheraient chez lui, comme aussi de se conformer à toutes les dispositions des lois et règlements de police concernant sa profession.*
À.... le..... 19.

Aux termes de l'art. 475, n°2 du Code pénal, les chefs d'établissements doivent inscrire sur ce registre les nom, qualité, domicile habituel, date d'entrée et de sortie de toute personne qui aurait couché ou passé la nuit dans leurs maisons.

Les indications du registre peuvent être plus complètes, si un réglement de police le prescrit. Ainsi à Paris, l'ordonnance du 15 juin 1832, art. 4, toujours en vigueur, exige que les registres contiennent : les nom, prénoms, âge, professions, domicile habituel et dernière demeure de tous ceux qui couchent chez eux, même une seule nuit ; l'indication de la date de leur entrée et de leur sortie, la mention des passeports ou autres papiers de sûreté dont ils sont porteurs et les autorités qui les ont délivrés.

Le registre comprend 10 colonnes :

1° *Date d'entrée ;*
2° *Nom et prénoms :*
3° *Age ;*
4° *Qualité ou profession ;*
5° *Lieu de naissance ;*
6° *Domicile habituel ;*
7° *Lieu d'où vient le voyageur ;*
8° *Papiers dont il est porteur. Autorité qui les a délivrés ;*
9° *Date de sortie et destination ;*
10° *Observations.*

Bulletin extrait du registre.

Les aubergistes, maîtres d'hôtels, garnis et logeurs peuvent être astreints, par un réglement de police, à porter, chaque jour, avant une heure fixée, au bureau de police de la localité, ou à la mairie, un extrait de leur registre, concernant les voyageurs qui ont passé la nuit chez eux, et joindre à cet extrait les passeports dont les voyageurs sont porteurs.

L'extrait du registre peut être collectif ou individuel. Dans le premier cas, il a la forme d'un tableau renfermant les mêmes colonnes que le registre tenu par les aubergistes, logeurs, etc. ;

BULLETIN DE VOYAGEUR

Nom :
Prénoms :
Age :
Lieu de naissance :
Profession :
Domicile habituel :
Venant de :
Papiers de sûreté... délivrés à
Date de l'arrivée :
Hôtel ou auberge :

Les règlements de police enjoignent d'ordinaire aux hôteliers, aubergistes et loueurs en garnis, de présenter leurs registres au visa des commissaires de police, à la fin de chaque mois ou à des époques plus ou moins rapprochées, si les circonstances l'exigeaient. Les contraventions à cette prescription sont punies par le § 2 de l'art. 475 du Code pénal.

Si un aubergiste, maître d'hôtel ou loueur en garni, change de domicile, dans la même localité, il peut être astreint d'en faire la déclaration à la mairie ou à la préfecture. Il lui en est donné acte comme la première fois.

S'il quitte sa profession, il en fait également la déclaration, qui, dans ce cas, est inscrite sur son registre dont il fait le dépôt à la mairie ou au bureau de police.

La surveillance des cafés, cabarets, hôtels, auberges et maisons garnies est exercée par les commissaires et les agents de police. Dans les villes où il existe une brigade de sûreté, les agents de ce service sont spécialement chargés de visiter les établissements de ce genre et de recueillir, chaque matin, les bulletins de voyageurs.

Patente.

Les maîtres d'hôtel sont commerçants et soumis à la patente ainsi qu'à toutes les lois commerciales ; ils peuvent être déclarés en faillite.

Responsabilité.

Les aubergistes et maîtres d'hôtel sont responsables, comme dépositaires, des effets apportés par le voyageur qui loge chez eux ; le dépôt de ces sortes d'effets doit être regardé comme un dépôt nécessaire.

Ils sont responsables du vol ou du dommage des effets du voyageur, soit que le vol ait été fait ou que le dommage ait été causé par les domestiques et préposés de l'hôtellerie, ou par des étrangers allant et venant dans l'hôtellerie.

Ils ne sont pas responsables des vols faits avec force armée ou autre force majeure. — Art. 1952, 1953, 1954, Code civil.

La responsabilité réglée par le Code a lieu dès le moment de l'arrivée des voyageurs ou autres personnes dans les maisons des aubergistes et logeurs et ne cesse qu'après leur sortie. — Rouen, 14 août 1824.

L'aubergiste qui reçoit habituellement des rouliers, et qui n'a pas de cour pour remiser leurs voitures, est responsable du vol commis sur la voiture laissée à l'extérieur de sa maison.

La responsabilité des aubergistes ne s'étend pas à la perte des effets précieux qui n'ont été ni montrés ni vérifiés, surtout si le voyageur avait une armoire fermée à clef dont il n'a pas fait usage. — Arrêt de la cour de Paris du 2 avril 1811.

La responsabilité des aubergistes et logeurs n'est pas limitée pourtant aux linges et vêtements apportés par le voyageur ; elle s'étend aussi à l'argent que le voyageur est présumé, d'après sa déposition et les circonstances, avoir en sa possession au moment du divertissement ou du vol. — Paris, 7 mai 1838. — Lorsque le voyageur porte avec lui des effets ou des valeurs considérables, il doit prévenir spécialement l'hôtelier pour engager sa responsabilité. — Paris, 21 nov. 1836.

La preuve du dépôt des objets et de l'argent peut être faite par toutes les voies, par témoins, quoique la valeur soit au-dessus de 150 francs. — Art. 1348, n° 2 : 1950, C. civ.

L'aubergiste constitué gardien d'un cheval est responsable des accidents qui lui arrivent par trop de proximité d'un autre cheval placé dans la même écurie. — Lyon, 26 janvier 1825.

Les aubergistes et hôteliers sont passibles de la réclusion s'ils volent les objets qui leur ont été confiés, à titre d'aubergistes ou hôteliers. — Art. 386, Code pénal.

Privilège sur les effets des voyageurs.

Ils ont un privilége, pour le paiement de leurs fournitures, sur les effets du voyageur transportés dans leur auberge. — Art. 2102 n° 5, Code civil.

L'action qu'ils peuvent exercer contre leurs débiteurs, à raison du logement et de la nourriture qu'ils fournissent, se prescrit par six mois. — Code civil, art. 2271.

Défaut d'éclairage au-devant de leurs maisons.

Seront punis d'amende, depuis un franc jusqu'à 5 francs inclusivement : les aubergistes et autres qui, obligés à l'éclairage, l'auront négligé... — C. P., art. 471, n° 3.

La peine d'emprisonnement contre toutes les personnes mentionnées en l'article 471 aura toujours lieu, en cas de récidive, pendant trois jours au plus. — C. P. art. 474.

A défaut d'un arrêté qui lui impose cette obligation, l'aubergiste ne peut être traduit pour avoir négligé d'éclairer l'extérieur de son auberge. — Cass., 14 janv. 1853. — 30 janv. 1877.

Défaut du registre prescrit.

Seront punis d'amende, depuix six francs jusqu'à dix francs inclusivement : Les aubergistes, hôteliers, logeurs ou loueurs de maisons garnies qui auront négligé d'inscrire de suite et sans aucun blanc, sur un registre tenu régulièrement, les noms, qualités, domicile habituel, dates d'entrée et de sortie de toute personne qui aurait couché ou passé une nuit dans leurs maisons ; ceux d'entre eux qui auraient manqué à représenter ce registre aux époques déterminées par les règlements, ou lorsqu'ils en auraient été requis, aux maires, adjoints, officiers ou commissaires de police, ou aux citoyens commis à cet effet : le tout sans préjudice des cas de responsabilité mentionnés en l'article 73 du présent Code, relativement aux crimes ou aux délits de ceux qui, ayant logé ou séjourné chez eux, n'auraient pas été régulièrement inscrits. — C. P., art. 475, n° 2.

Les dispositions de ce paragraphe ne sont pas applicables au propriétaire qui loue une partie de sa maison en garni, sans en faire profession. — Cass.,8 janv. 1859.

Alors qui l'occupe en partie par lui ou par des locataires sédentaires, et loue seulement le surplus en chambres garnies. — Cass., 20 décembre 1849.

Et qu'il loue seulement pour un temps une chambre garnie dans sa maison. — Cass., 9 sept. 1853.

S'il est reconnu qu'il n'exerce pas la profession de logeur. — Cass. 13 août 1853.

Elles ne sont pas applicables à des lingères et couturières qui louent en chambres garnies la partie de leur maison qui n'est pas nécessaire à leur habitation personnelle. — Cass., 3 juin 1853.

Le propriétaire qui loue en garni la partie de sa maison excédant ses besoins, non à des étrangers ou au premier venu, mais à des personnes de son choix, n'est pas soumis à la tenue du registre imposé aux logeurs de profession par ledit article. — Cass., 10 avril 1874.

Celui qui, exerçant une autre profession, loge chez lui des amis, soit en garni, soit comme pensionnaires, peut n'être pas considéré comme logeur. — Cass., 14 août 1845.

Cependant, la qualité de propriétaire n'est pas nécessairement et dans tous les cas exclusive de la profession de logeur ou de loueur de maison garnie. — Cass., 11 février 1860.

Ainsi cet article est applicable à celui qui loue des chambres garnies par profession à des personnes non sédentaires, et qui est inscrit au rôle des patentes, encore qu'il soit propriétaire de la maison. — Cass., 11 février 1860.

L'obligation pour le logeur d'inscrire sur son registre le nom des personnes qui passent la nuit chez lui ne commence pas immédiatement après l'entrée des personnes, mais seulement après l'expiration de la nuit ; et même l'accomplissement de cette formalité comporte le délai moral nécessaire pour obtenir de la personne logée, et après son lever, les indications dont doit se composer l'inscription. — Cass., 18 juillet 1874.

Il ne peut appartenir à l'autorité administrative d'ajouter aux dispositions de cet article, en les étendant à d'autres professions que celles qui y sont dénommées. — Cass., 18 juin 1846.

L'obligation d'inscrire sur le registre des logeurs les personnes qui ont passé une nuit s'applique sans exception à toute personne qui ne fait pas partie de la famille et du personnel attaché à l'établissement de l'aubergiste et du logeur, même à celles qui ont été reçues à titre d'amis et sans payer. — Cass., 12 mars 1885.

Ainsi n'est pas obligatoire : l'arrêté d'un maire qui déclare l'article 475, § 2, applicable à tous ceux qui tiennent des chambres garnies ou qui logent des étran-

gers sans exercer la profession de logeurs. — Cass.,
1" août 1845.

L'arrêté qui prescrit aux sages-femmes de tenir un
registre sur lequel seront inscrits les noms de toutes
les femmes ou filles qu'elles recevront chez elles pour
faire leurs couches. — Cass. 12 sept. 1846.

Est obligatoire le règlement de police qui enjoint aux
aubergistes, cabaretiers et logeurs de tenir un registre sur papier timbré, coté et paraphé par le maire,
sur lequel ils devront inscrire le nom des personnes
qui coucheront chez eux, et de faire viser ce registre
tous les quinze jours, ou toutes les fois qu'ils en seront
requis. — Cass. 22 avril 1831.

Qui leur enjoint de représenter leurs registres au
bureau de police, à la mairie, à certaines époques
déterminées.

Ou de remettre chaque jour aux commissaires de
police, le relevé de leurs registres. — Cass. 23 juillet 1830.

Les aubergistes sont tenus d'inscrire sur leurs registres les personnes qui logent momentanément chez
eux, encore bien qu'elles aient leur domicile habituel
dans le même lieu. — Cass. 20 nov. 1845.

Cet article n'oblige pas les aubergistes à inscrire les
prénoms des voyageurs. — Cass. 27 août 1852.

Ils ne sont pas tenus d'inscrire sur leurs registres
les personnes qu'ils reçoivent chez eux comme domestiques. — Cass. 7 février 1856.

Le logeur qui omet d'inscrire sur son registre un
voyageur ne commet pas autant de contraventions que
le voyageur a couché de nuits dans son hôtel. — Cass.
4 fév. 1859.

L'article 19 de l'ordonnance du 20 janvier 1563, qui
défendait aux hôteliers de se refuser, sans cause légi-
time, à recevoir les voyageurs, a été abrogé par les
lois de 1791, qui ont établi la liberté du commerce.
— Cass. 4 av. 1846.

Il n'y a pas infraction à l'art. 475 n° 2 dans le fait
d'un aubergiste qui, après avoir inscrit sur son registre les noms, qualité et domicile d'un homme, ajoute
seulement la mention « et sa dame » pour indiquer la

femme avec laquelle cet homme a passé la nuit dans l'auberge. — Cass. 27 août 1875.

La nécessité de l'inscription s'applique à toute personne qui ne fait pas partie de la famille du logeur ou du personnel de l'établissement.

Est, en conséquence, illégale l'excuse tirée de ce que le voyageur non inscrit était un ami que le logeur avait pu recevoir et loger sans payement. — Cassation 12 mars 1875.

CAFÉS-CONCERTS

Les cafés-concerts ne peuvent être ouverts qu'en vertu d'une autorisation, à Paris, du Préfet de police, dans les autres villes, du maire.

Il y a dans ce cas triple formalité à remplir, s'il s'agit d'une création :

1° Déclaration d'ouverture de l'établissement en tant que débit de boissons. — Voy. formule n° 1.

2° Demande d'autorisation de donner des concerts. — Voy. formule n° 6.

3° S'assurer du consentement de la Société des auteurs et compositeurs de musique.

Les musiciens et artistes lyriques qui jouent et chantent exclusivement sur les théâtres, dans les concerts ou cafés-concerts ne sont pas compris dans la catégorie des chanteurs, musiciens ambulants et saltimbanques, qui sont tenus, pour l'exercice de leur profession, de se munir d'un carnet ou d'une autorisation du préfet du département. — C. min., 3 déc. 1853.

Les officiers de police sont chargés de veiller à ce qu'on ne fasse entendre dans les cafés-concerts aucun chant politique ou immoral ;

A ce que le tarif des objets de consommation et le programme du concert portant le titre des morceaux qui seront exécutés, ainsi que les noms des compositeurs soient affichés à l'intérieur de l'établissement, dans un lieu apparent ;

A ce qu'un double de ce programme soit déposé chaque jour, avant midi, dans leur bureau ;

A ce qu'aucune modification n'y soit apportée sans leur consentement ;

A ce que les agents qui seront envoyés pour maintenir l'ordre soient rétribués ;

A ce que les droits des auteurs et compositeurs aient été préalablement acquittés, ainsi que le droit des pauvres.

Lorsqu'il s'agit d'artistes de passage, ne donnant qu'une seule séance, les commissaires de police ont qualité pour les autoriser. Dans ce cas, ils se rapportent à l'arrêté municipal ou préfectoral sur la police des débits de boissons.

L'arrêté municipal portant défense à tous cafetiers, cabaretiers et autres débitants de tenir dans leurs établissements des musiciens, chanteurs, etc., est pris dans la limite des pouvoirs confiés à l'autorité municipale, et dès lors est obligatoire. — Cass. 7 juillet 1838.

Par la circulaire qui suit, le ministre de l'intérieur a indiqué aux préfets les mesures à prendre relativement à la surveillance du répertoire des cafés-concerts :

« Monsieur le préfet, d'après les renseignements qui

me sont parvenus récemment de divers côtés, les cafés-
chantants et cafés-concerts, qui n'existaient autrefois
qu'en nombre assez restreint et dans quelques grandes
villes seulement, se seraient beaucoup multipliés dans
ces dernières années, en même temps qu'on a pu signaler chez la plupart des directeurs de ces entrepri-
ses une propension de plus en plus marquée à introduire dans leur répertoire des compositions dont le
caractère licencieux ou grossier ne peut qu'exercer
la plus déplorable influence au double point de vue de
la morale et de l'art, sur le public habituel de ces
établissements.

« Cette tendance extrêmement regrettable et qui
n'aboutirait à rien moins qu'à transformer les cafés-
concerts en véritables écoles de dépravation indivi-
duelle et sociale, me paraît appeler toute la sollicitude
de l'administration et au besoin une répression éner-
gique.

« Il arrive trop souvent, en effet, que, soit par suite
d'un examen insuffisant des programmes ou des modifications apportées au dernier moment dans leur
composition, soit par un relâchement de surveillance
de la part des inspecteurs spéciaux chargés d'assister
aux représentations et d'en contrôler la régularité, des
œuvres immorales et dangereuses au premier chef
sont débitées impunément en plein public et sous l'œil
même des agents de l'autorité, dont la présence peut
être interprétée comme un acquiescement tacite à ces
sortes d'excès.

« Il importe de ne pas laisser plus longtemps se produire un pareil abus, et pour atteindre ce résultat,
les fonctionnaires et agents auxquels incombe parti-
culièrement ce soin devront veiller désormais avec un
redoublement de zèle et d'attention à ce que les chan-
sons obscènes, les saynètes graveleuses et tous les diver-
tissements enfin pouvant porter atteinte à la morale
ou à l'ordre public soient éliminés scrupuleusement des
programmes autorisés par l'administration.

« Je vous rappellerai à cette occasion, monsieur le
préfet, qu'aux termes des instructions antérieures, un
double du programme de chaque concert doit être

remis, vingt-quatre heures à l'avance, à M. le commissaire de police auquel doivent être communiquées également, avant le concert, toutes modifications qu'on désirerait introduire dans le programme primitif. » Cir. min. int. du 27 nov. 1872.

DE LA POLICE DES LIEUX PUBLICS EN GÉNÉRAL

La police des lieux publics appartient aux Préfets et aux Maires.

Est obligatoire :
L'arrêté municipal qui défend de tenir des jeux dans les cafés et autres lieux publics. — Cass., 22 avril 1857 ;

Ou d'y faire entendre toute espèce de chants ou de musique vocale. — Cass.,12 juin 1846 ;

Ou d'y tenir des musiciens, chanteurs, comédiens à poste fixe, et d'y donner à danser. — Cass., 7 juillet 1838 ;

Mais l'arrêté municipal qui prescrit de fermer un établissement n'est pas obligatoire. — Cass., 23 nov. 1850.

Est obligatoire :
L'arrêté du préfet qui défend de donner à danser après neuf heures du soir dans les maisons publiques. — Cass., 18 août 1832.

Le contrevenant ne peut être excusé sous prétexte qu'il avait loué sa salle à un tiers. — Cass., 2 mai 1835.

Est obligatoire :
L'arrêté d'un maire ou d'un préfet qui prescrit la fermeture, à certaines heures, des lieux publics où l'on donne à boire, tels que cabarets, cafés, etc. — Cass., 30 avril 1819, 21 fév. 1824, 4 mars 1848.

L'arrêté qui fixe l'heure de la fermeture des cafés, cabarets et débits de boissons à consommer sur place, n'est pas applicable à l'aubergiste qui donne, pendant la nuit, à manger à des étrangers dans le cours de leur voyage. — Cass., 17 fév. 1859 ; 12 mars 1875.

Mais il est applicable aux aubergistes-logeurs qui donnent à boire à des individus qui ne logent pas chez eux. — Cass., 27 nov. 1858.

Il est inapplicable aux aubergistes à l'égard des voyageurs, passagers et pensionnaires qu'ils logent chez eux. — Cass., 8 janvier 1857.

Le règlement de police qui prescrit la fermeture, à des heures déterminées, des cabarets et autres lieux publics, est applicable au magasin d'un confiseur qui vend des liqueurs dont la consommation se fait dans sa boutique. — Cass., 4 mars 1853, 21 juillet 1870.

Les statuts d'un cercle, alors même qu'ils ont été approuvés par l'autorité préfectorale, ne peuvent être assimilés à un règlement de police sanctionné par les dispositions de l'article 471 n° 15 du Code pénal.

Par suite le directeur du cercle qui a laissé le local affecté aux membres de l'association ouvert après l'heure fixée pour la fermeture par les statuts n'encourt aucune responsabilité pénale. — Cass., 26 juillet 1878.

L'ordonnance faite pour les lieux publics où l'on donne à boire et à manger s'applique aux cafés-restaurants et aux simples cafés. — Cass., 13 av. 1883.

Mais elle n'est pas applicable à celui qui, tenant un cercle ou une réunion non publique, où les sociétaires seuls sont admis, vend les boissons à ces sociétaires. — Cass., 12 sept. 1851.

Il en serait autrement si l'établissement n'était pas destiné seulement à une réunion privée, et si des étrangers y étaient admis. — Cass., 6 avril 1861.

Le cabaretier dont l'établissement a été trouvé ouvert après l'heure fixée ne peut être excusé :

Sous prétexte que les personnes trouvées chez lui après l'heure fixée, étaient ses parents et ses amis, — Cass., 7 nov. 1856, — auxquelles il ne donnait ni à boire, ni à manger, ni à jouer. — Cass., 7 fév. 1857, 16 janv. 1875 ;

Ou des comédiens qui étaient entrés à la sortie de leur représentation. — Cass., 28 juin 1856 ;

Ou que les individus trouvés chez lui étaient dans la chambre qui lui sert de demeure et qu'ils ne mangeaient ni ne buvaient. — Cass., 22 avril 1858.

Mais il devrait être relaxé, s'il était constaté que la chambre où se trouvaient les buveurs ne dépendait pas de son habitation, et qu'elle avait sa belle-mère pour locataire. — Cass., 4 mai 1861.

L'arrêté qui interdit à tout particulier l'entrée des cafés et cabarets après l'heure qu'il détermine entraîne virtuellement pour les consommateurs l'obligation de ne point prolonger leur séjour au delà de l'heure fixée. — Cass., 19 mai 1859.

Les contrevenants ne peuvent être excusés sous prétexte qu'ils pouvaient ignorer l'heure. — Cass., 3 décembre 1825.

Le maire n'ayant pas la faculté d'accorder des dispenses particulières de se conformer aux règlements sur la police locale, c'est à tort que le juge de police se baserait sur une dispense de ce genre pour acquitter un cabaretier poursuivi pour défaut de fermeture de son établissement à l'heure réglementaire. — Cass., 1ᵉʳ février 1873.

Lorsqu'un arrêté, fixant l'heure de la fermeture des cafés, accorde cependant à l'autorité municipale le pouvoir de la prolonger, le contrevenant peut être relaxé quoiqu'il n'ait pas représenté une autorisation écrite au moment de la rédaction du procès-verbal, s'il justifie qu'elle lui avait été accordée auparavant. — Cass., 6 janvier 1853.

Est obligatoire l'arrêté du préfet qui oblige les cafetiers, cabaretiers et autres débitants de boissons à avertir immédiatement l'autorité des scènes de désordre qui auraient lieu dans leurs établissements ainsi que des refus qui pourraient être faits d'en sortir aux heures prescrites. — Cass., 15 mars 1855.

La loi du 18 juillet 1880, qui permet d'ouvrir un débit de boissons, quinze jours après la déclaration qui en sera faite à la mairie, n'empêche pas l'autorité municipale de prendre des arrêtés d'interdiction dans certaines circonstances, notamment lorsque l'emplacement est de nature à porter une grave atteinte à la décence et à la moralité publiques, et, dans l'espèce, lorsqu'il est à proximité de l'école des filles.

Un arrêté d'interdiction pris, après la déclaration

du débitant, peut bien avoir un caractère général de
permanence soumis aux délais de la loi, mais il a le
caractère d'urgence à l'égard du débitant au sujet
duquel il a été pris ; il n'est pas, par conséquent, soumis aux divers délais imposés pour son exécution ; il
est exécutoire immédiatement vis-à-vis le débitant dont
il s'agit. — Cass., 30 avril 1881.

Un cabaretier ou cafetier qui, en contravention à un
arrêté municipal, a reçu des filles publiques dans son
établissement, ne peut être excusé parce qu'il aurait
ignoré leur situation. — Cass., 17 juillet 1875.

Malgré la loi du 29 janvier 1873, sur l'ivresse, un
préfet peut interdire aux cafetiers, cabaretiers et autres
débitants de boissons de recevoir dans leurs établissements des mineurs âgés de moins de seize ans, qui ne
seraient pas accompagnés de leurs parents. — Cass.,
24 fév. 1876.

Un maire ne peut, ni par voie de règlement général,
ni à plus forte raison par une autorisation spéciale et
de faveur dispenser des débitants de boissons, même
pour un seul jour, de l'exécution d'un arrêté préfectoral prescrivant une heure de fermeture réglementaire.
— Cass., 1ᵉʳ fév. 1873, 23 janv. 1875.

Les arrêtés sur la police des débits de boissons peuvent exiger la fermeture, à l'heure réglementaire,
même des restaurants. — Cass., 1ᵉʳ fév. 1873.

Par lieux publics, il ne faut pas entendre spécialement et uniquement les marchés, les foires, les halles,
ni même les promenades, où chacun a le droit de se
présenter. Les lieux publics, dans l'acception que l'on
doit donner à ce mot, sont les lieux clos que l'article
9 de la loi du 12-22 juillet 1791 désigne comme étant
ceux où tout le monde est admis indistinctement, tels
que cafés, cabarets, boutiques et autres. On entend
par ce mot *autres*, les billards, les estaminets, les guin-
guettes, les traiteurs, les restaurants, voire même les
salles de spectacle, tous lieux enfin où le public est
admis en payant, où les officiers de police peuvent
toujours entrer pendant les heures qu'ils sont ouverts
au public d'après les règlements municipaux. — Cass.,
12 novembre 1840.

Est obligatoire :

L'arrêté municipal qui défend de faire entendre dans les cafés et autres lieux publics toute espèce de chant et de musique vocale. — Cass., 12 juin 1846 ;

Qui défend d'y tenir, sans autorisation, des musiciens, chanteurs, comédiens ou baladins à poste fixe, et d'y donner à danser. — Cass., 7 juillet 1838 ;

Qui défend de donner à boire à des mineurs de dix-huit ans. — Cass., 1ᵉʳ juillet 1826.

Le contrevenant ne peut être excusé sous prétexte qu'il était absent au moment où le mineur était entré dans son cabaret. — Cass., 19 février 1858. — Ou que l'enfant était accompagné de sa mère. — Cass., 16 mars 1860.

L'arrêté qui fixe l'heure de la fermeture des lieux publics ordonne virtuellement aux chefs de ces établissements d'en faire sortir le public à l'heure prescrite avant d'en effectuer la fermeture. — Cass., 12 mai 1842.

En interdisant l'ouverture des cabarets pendant la nuit, un arrêté prohibe par cela même toute vente de boissons pendant le temps qu'il détermine et par exemple la vente à l'extérieur. — Cass., 3 avril 1855.

L'arrêté qui prescrit la fermeture des cabarets à certaines heures est applicable aux aubergistes qui donnent à boire à des individus qui ne logent pas chez eux. — Cass., 27 novembre 1858.

Au contraire cet arrêté n'est pas applicable à l'aubergiste qui donne, pendant la nuit, à manger à des étrangers dans le cours de leur voyage. — Cass., 17 février 1859.

Il est inapplicable lorsque le cabaretier a obtenu du maire l'autorisation de louer son local à une réunion particulière pour y faire une noce ; dans ce cas la publicité légale disparait. — Cass., 2 fév. 1861.

L'heure pour la fermeture des lieux publics doit être uniforme et constatée par l'horloge. — Cass., 11 mai 1843.

Le cafetier dont l'établissement a été trouvé ouvert après l'heure fixée ne peut être excusé :

Sous prétexte que les personnes trouvées chez lui

étaient ses parents et ses amis. — Cass., 7 nov. 1856.
Auxquelles il ne donnait ni à boire ni à manger, ni à
jouer. — Cass., 7 fév. 1857. — Ou des ouvriers employés
par lui et auxquels il donnait à boire gratuitement. —
Cass., 10 mars 1848. — Ou des comédiens qui
venaient de finir leur représentation. — Cass.,
28 juin 1856. — Ou que les individus trouvés chez lui
étaient dans son logement particulier ; qu'ils ne
buvaient ni ne mangeaient et ne s'y trouvaient qu'à
l'effet de régler les conditions d'un mariage. — Cass.,
4 mai 1861. — Ou que c'étaient ses domestiques qui
avaient commis la contravention. — Cass., 25 nov. 1859.
— Ou qu'il avait invité les buveurs à se retirer et que
ceux-ci n'avaient pas voulu s'en aller. — Cass., 1ᵉʳ fév.
1833 ; 11 mai 1867.

Cependant, lorsque par des altercations et par leur
conduite envers le cabaretier, des buveurs l'ont
empêché de fermer sa maison à l'heure prescrite, il
n'y a pas de contravention. — Cass., 7 juillet 1827.

Le débitant de boissons ne peut être excusé d'avoir
tenu son établissement ouvert après l'heure fixée par
le motif qu'il n'y avait pas de consommateurs dans
son établissement et qu'il lui était loisible de tenir sa
porte ouverte pour son usage ou pour aérer la salle.
— Cass., 19 nov. 1858 ; 11 mai 1867.

Est obligatoire l'arrêté du maire qui défend aux
habitants de la commune de rester dans les cafés
après certaine heure. — Cass., 19 mars 1831,
19 mai 1859 ;

Qui oblige les cafetiers et autres débitants de boissons à avertir immédiatement l'autorité des scènes de
désordre qui auraient lieu dans leurs établissements,
ainsi que des refus qui pourraient être faits d'en sortir
aux heures prescrites. — Cass., 15 mars 1855.

L'autorité municipale ne peut autoriser les visites
des cafés et autres lieux publics à toutes les heures de
la nuit, puisque ces lieux ne sont soumis à sa surveillance que pendant le temps où ils sont ouverts au
public. En cas de contravention, les officiers de police
peuvent la constater extérieurement, sans qu'il soit

besoin de forcer les portes, à moins qu'il n'y ait réclamation de l'intérieur. — Cass., 13 nov. 1841.

Les maisons de prostitution ne peuvent être réputées lieux publics, attendu qu'étant tout à fait en dehors du droit commun, elles sont accessibles à la police *en tout temps et à toute heure,* soit de jour, soit de nuit.

Un café, dépendant d'un théâtre, est soumis, comme tous les autres lieux publics, au règlement de police qui fixe les heures de fermeture, et l'autorisation spéciale qui lui serait accordée pour la durée des représentations théâtrales ne peut être étendue au delà de ses limites, et, par exemple, au cas d'un bal donné dans la salle de spectacle. — Cass., 27 juin 1867.

La défense faite aux cabaretiers de garder chez eux des personnes étrangères, après l'heure de fermeture, ne s'étend pas aux pensionnaires qu'ils logent habituellement ; mais, si les portes sont restées ouvertes au public, cette autre contravention n'est pas excusée sous le prétexte que les pensionnaires devaient sortir plus tard pour un travail de nuit. — Cass., 21 décembre 1867.

Au cas de contravention aux règlements sur la fermeture des cabarets, le juge de police ne peut admettre les excuses illégales, tirées des bons antécédents du cabaretier ou de ce que l'heure n'aurait été dépassée que de quelques minutes. — Cass., 27 mars 1868.

L'aubergiste, qui est en même temps cafetier, peut bien, après les heures réglementaires de fermeture des lieux publics, héberger des voyageurs étrangers à la commune, mais non leur ouvrir une salle de son café pour jouer au billard en attendant l'heure de leur départ. — Cass., 27 fév. 1869.

Quand un procès-verbal régulier constate que la porte d'un cabaret ne s'est trouvée fermée qu'au loquet après l'heure de clôture réglementaire, le juge de police ne peut relaxer le prévenu sous prétexte que cette clôture était suffisante. — Cass., 8 mars 1872.

La présence des pensionnaires d'un aubergiste ou d'un débitant de boissons, dans une partie quelconque de l'établissement, après l'heure réglementaire, ne constitue pas une contravention aux règlements de police. — Cass., 29 août 1872.

Lorsqu'un arrêté préfectoral fixant l'heure de fermeture des débits de boissons permet aux maires d'accorder des prorogations dans certains cas expressément déterminés, ces prorogations ne peuvent être étendues à d'autres cas. — Cass., 29 janvier 1876.

Il n'appartient pas à l'autorité municipale de modifier le règlement fait par le préfet, si ce règlement ne lui en donne le droit. Il en est ainsi, notamment, des règlements sur la fermeture des débits de boissons. Est, par suite, illégale l'excuse tirée d'une permission accordée par le maire. — Cass., 30 juillet 1875.

Les consommateurs, trouvés dans un cabaret après l'heure réglementaire de la fermeture, ne peuvent être excusés par le motif que la salle où ils buvaient avait été louée par l'un d'eux pour une réunion particulière. — Cass., 1ᵉʳ juin 1876.

CERCLES

Les réunions de cette nature étaient régies par l'article 291 du Code pénal, aux termes duquel nulle association de plus de 20 personnes dont le but était de se réunir tous les jours ou à certains jours marqués pour s'occuper d'objets religieux, littéraires ou autres, ne pouvait se former qu'avec l'agrément du gouvernement et sous les conditions qu'il plaisait à l'autorité publique d'imposer à la Société.

La loi sur les associations du 1ᵉʳ juillet 1901, en abrogeant les articles 291, 292, 293 et 294 en partie du Code pénal, a prononcé la faculté d'association formée dans un but autre que le partage de bénéfices. Ces associations une fois déclarées acquièrent une capacité civile. Sous l'empire de cette loi, cette liberté a permis de former des cercles dont le but caché sous le couvert de tendances littéraires ou sportives était l'exploitation des jeux de hasard.

Aussi, fin 1904, les autorités émues firent une obligation au législateur de mettre un frein à cet essor d'associations et de cercles.

Le législateur rédigea un projet de loi qui donnait une latitude absolue aux autorités, ce à quoi la commission nommée à cet effet répliqua que nul besoin n'était d'une nouvelle loi, attendu que s'il était démontré (et c'était bien facilement démontrable) qu'une association eût pour but l'exploitation des jeux, cette association était nulle de plein droit aux termes de l'article 3 de la loi du 1er janvier 1901 et que par là les articles 410, 475 et 477 du Code pénal étaient applicables aux administrateurs.

Ce qui, en résumé, permet aux autorités de passer au travers de la loi du 1er juillet 1901 pour faire véritablement revivre dans les cas douteux la législation primitive.

Les abonnés et membres des cercles, sociétés et lieux de réunion où se payent des cotisations supporteront une taxe de 20 0/0 desdites cotisations payées par les membres ou associés.

Cette taxe est acquittée par le gérant, secrétaire ou trésorier. Ne sont pas assujettis à la taxe les Sociétés de bienfaisance et de secours mutuels ainsi que celles exclusivement scientifiques, littéraires, agricoles, musicales, dont les réunions ne sont pas quotidiennes.

BILLARDS PUBLICS

Les arrêtés de police qui soumettent la tenue des billards publics à la nécessité d'une autorisation préalable de l'autorité municipale ne sont plus obligatoires ; le décret du 29 décembre 1851 ayant été abrogé, ceux qui veulent tenir des billards sont, comme les débitants de boissons, soumis à une simple déclaration.

Les billards publics et privés sont soumis à une taxe fixée comme suit : Paris, 60 francs; villes au-dessus de 50.000 âmes, 30 francs ; villes de 10.000 à 50.000 âmes 15 francs ; ailleurs 6 francs. La déclaration doit être faite avant le 31 janvier de chaque année. Les contribuables qui ne font pas leur déclaration dans le délai, ou qui font des déclarations inexactes, sont passibles du double droit. — Loi 16 septembre 1871, art. 8 et 10 ; Décr. 27 déc. 1871.

CARTES A JOUER

Les enveloppes des jeux de cartes à jouer porteront à l'angle supérieur gauche, l'indication du nombre de cartes contenues dans le jeu.

Pour les jeux destinés aux cercles, clubs, casinos, cette indication sera surmontée du mot « Cercles »

Il est interdit aux propriétaires ou gérants, ou tous employés de cercles, ainsi qu'aux cafetiers, aubergistes, et en général aux établissements où le public est admis, de faire usage ou de laisser faire usage, dans leurs établissements, de jeux autres que ceux revêtus des marques spéciales prescrites par la Régie.

Les cercles, clubs ou casinos ne pourront acheter les cartes de cercles que chez les fabricants.

Les autres personnes, cafetiers, aubergistes, pourront les acheter chez les fabricants ou chez les débitants commissionnés par la Régie.

Les propriétaires ou gérants de cercles, casinos, clubs, cafés, auberges, devront avoir un registre coté et paraphé où seront mentionnés tous leurs achats de jeux de cartes avec les noms et domiciles des vendeurs. Ils seront tenus de présenter leur registre à toute réquisition des employés des contributions indirectes.

Les cercles, clubs et casinos devront, sauf autorisation spéciale de la Régie, pour obtenir de nouveaux jeux, rapporter les as et valets de trèfles.

Ces cartes seront conservées par le fabricant jusqu'à la prochaine vérification des employés de la Régie, puis elles seront détruites. — D. du 31 décembre 1895.

IVRESSE PUBLIQUE

L'ancienne législation pénale ne contenait aucune mesure répressive contre l'ivresse.

Seulement, des arrêtés des préfets et des règlements de police municipale avaient prescrit des mesures de cette nature dont l'efficacité avait été démontrée, partout où ces arrêtés et règlements avaient été appliqués. La loi du 23 janvier 1873, que nous reproduisons ci-après, est venue généraliser ces mesures répressives :

ARTICLE PREMIER. — Seront punis d'une amende de 1 à 5 francs inclusivement ceux qui seront trouvés en état d'ivresse manifeste dans les rues, chemins, places, cafés, cabarets ou autres lieux publics. — Les articles 474 et 483 du Code pénal seront applicables à la contravention indiquée au paragraphe précédent.

ART. 2. — En cas de nouvelle récidive, conformément à l'article 483, dans les douze mois qui auront suivi la deuxième condamnation, l'inculpé sera traduit devant le tribunal de police correctionnelle et puni d'un emprisonnement de six jours à un mois, et d'une amende de 16 francs à 300 francs. — Quiconque aura été condamné en police correctionnelle pour ivresse depuis moins d'un an, et se sera de nouveau rendu coupable du même délit, sera condamné au maximum des peines indiquées au paragraphe précédent, lesquelles pourront être élevées jusqu'au double.

ART. 3. — Toute personne qui aura été condamnée deux fois en police correctionnelle

pour délit d'ivresse manifeste, conformément
à l'article précédent, sera déclarée par le
second jugement incapable d'exercer les droits
suivants : 1° de vote et d'élection ; 2° d'éligibi-
lité ; 3° d'être appelée ou nommée aux fonctions de juré ou autres fonctions publiques,
ou aux emplois de l'administration ou
d'exercer ces fonctions ou emplois ; 4° de
port d'armes ; — pendant deux ans à partir
du jour où la condamnation sera devenue
irrévocable.

Art. 4. — Seront punis d'une amende de
1 à 5 francs inclusivement, les cafetiers, cabaretiers et autres débitants qui auront donné
à boire à des gens manifestement ivres ou qui
les auront reçus dans leurs établissements,
ou auront servi des liqueurs alcooliques à des
mineurs âgés de moins de seize ans accomplis. — Toutefois, dans le cas où le débitant
sera prévenu d'avoir servi des liqueurs alcooliques à des mineurs âgés de moins de seize
ans accomplis, il pourra prouver qu'il a été
induit en erreur sur l'âge du mineur ; s'il fait
cette preuve, aucune peine ne lui sera appliquée de ce chef. — Les articles 474 et 483 du
Code pénal seront applicables aux contraventions indiquées aux paragraphes précédents.

Art. 5. — Seront punis d'un emprisonnement de six jours à un mois et d'une amende
de 16 à 300 francs, les cafetiers, cabaretiers
et autres débitants qui, dans les douze mois
qui auront suivi la deuxième condamnation

prononcée en vertu de l'article précédent, auront commis un des faits prévus audit article. — Quiconque, ayant été condamné en police correctionnelle pour l'un ou l'autre des mêmes faits, depuis moins d'un an, se rendra de nouveau coupable de l'un ou de l'autre de ces faits, sera condamné au maximum des peines indiquées au paragraphe précédent, lesquelles pourront être portées jusqu'au double.

ART. 6. — Toute personne qui aura subi deux condamnations en police correctionnelle pour l'un ou l'autre des délits prévus en l'article précédent, pourra être déclarée par le second jugement incapable d'exercer tout ou partie des droits indiqués en l'article 3. — Dans le même cas, le tribunal pourra ordonner la fermeture de l'établissement pour un temps qui ne saurait excéder un mois, sous les peines portées en l'article 3 du décret du 29 décembre 1851. — Il pourra aussi, sous les mêmes peines, interdire seulement au débitant la faculté de débiter des boissons à consommer sur place.

ART. 7. — Sera puni d'un emprisonnement de six jours à un mois et d'une amende de 16 francs à 300 francs quiconque aura fait boire jusqu'à l'ivresse un mineur âgé de moins de seize ans accomplis. — Sera puni des peines portées aux articles 5 et 6, tout cafetier, cabaretier ou autre débitant de boissons qui, ayant subi une condamnation en vertu du paragraphe précédent, se sera de nouveau rendu coupable, soit du même fait soit de l'un ou de l'autre des faits prévus en l'article 4, § 1er, dans le délai indiqué en l'article 6, § 2.

ART. 8. — Le tribunal correctionnel, dans les cas prévus par la présente loi, pourra ordonner que son jugement soit affiché à tel nombre d'exemplaires, et en tels lieux qu'il indiquera.

ART. 9. — L'article 463 du Code pénal sera applicable aux peines d'emprisonnement et d'amende portées par la présente loi. — L'article 59 du même Code ne sera pas applicable aux délits prévus par la présente loi.

ART. 10. — Les procès-verbaux constatant les infractions prévues dans les articles précédents seront transmis au procureur de la République dans les trois jours au plus tard, y compris celui où aura été reconnu le fait sur lequel ils sont dressés.

ART. 11. — Toute personne trouvée en état d'ivresse dans les rues, chemins, places, cafés, cabarets ou autres lieux publics, pourra être, par mesure de police, conduite à ses frais au poste le plus voisin, pour y être retenue jusqu'à ce qu'elle ait recouvré sa raison.

ART. 12. — Le texte de la présente loi sera affiché à la porte de toutes les mairies et dans la salle principale de tous cabarets, cafés et autres débits de boissons. — Un exemplaire en sera adressé à cet effet à tous les maires et à tous les cabaretiers, cafetiers et autres débitants de boissons. — Toute personne qui aura détruit ou lacéré le texte affiché sera condamnée à une amende de 1 à 5 francs et aux frais du rétablissement de l'affiche. — Sera puni de même tout cabaretier, cafetier ou débitant chez lequel le dit texte ne sera pas trouvé affiché.

Art. 13. — Les gardes champêtres sont chargés de rechercher, concurremment avec les autres officiers de police judiciaire, chacun sur le territoire sur lequel il est assermenté, les infractions à la présente loi. Ils dressent des procès-verbaux pour constater ces contraventions.

Est légal, même sous l'empire de la susdite loi, l'arrêté préfectoral qui défend aux cafetiers, cabaretiers, aubergistes et autres débitants de boissons, ainsi qu'aux exploitants de bals publics, de recevoir dans leurs établissements des mineurs de moins de seize ans, non accompagnés de leur père, mère ou autres personnes ayant autorité sur eux. — Cass., 24 février 1876.

Le cidre, le vin et la bière servis par un cabaretier à des mineurs de moins de seize ans qui ne sauraient en régler et modérer l'usage, doivent être considérés comme des liqueurs alcooliques, et le cabaretier est passible des peines portées en l'article 4 de la loi susdite. — Cass., 5 août 1875, 25 fév. 1875.

Pour constituer la contravention prévue par l'article 4, il ne suffit pas que le cabaretier ait laissé les consommateurs boire jusqu'à l'ivresse ; il faut qu'il soit établi qu'il leur a donné à boire, alors que leur état d'ivresse s'était manifestement révélé dans son établissement. — Cass., 6 janv. 1876.

Le fait d'un cabaretier ou de son préposé de donner à boire à une personne manifestement ivre constitue la contravention prévue par l'article 4, bien qu'il n'ait pas reconnu cet état d'ivresse. — Cass., 14 nov. 1874.

Il n'est pas nécessaire que le procès-verbal qui constate l'ivresse manifeste d'un individu mentionne à l'appui les signes particuliers de cet état. — Cass., 12 mars 1875.

Pour l'application de l'article 12 de la loi du 23 janvier 1873 qui prescrit l'affichage de la dite loi dans les cafés, cabarets et autres établissements où l'on débite des boissons, il est nécessaire que ces boissons soient alcooliques et de nature à déterminer l'ivresse.

Par suite, c'est à bon droit que le juge de police refuse d'appliquer le dit article et prononce le relaxe lorsqu'il constate dans son jugement que les boissons par eux vendues *(dans l'espèce, du café et du thé, dans les cafés maures de l'Algérie)*, n'ont aucune propriété alcoolique, et que leur usage, même immodéré, n'est point susceptible de causer un état d'ivresse. — Cass., 29 janv. 1874.

Le fait d'ivresse ne ressortit au tribunal correctionnel qu'en cas de deuxième récidive. C'est donc à tort que le juge de simple police se déclare incompétent, lorsque le prévenu n'a encore subi qu'une seule condamnation. — Cass., 12 février 1875.

Lorsqu'un procès-verbal régulier de gendarmerie constate l'état d'ivresse manifeste d'un individu, le juge de police viole la foi qui lui est due en relaxant le contrevenant par le motif que les gendarmes se sont bornés à une simple affirmation de l'ivresse, sans faire connaître les circonstances propres à la justifier. — Cass., 12 mars 1875.

Lorsqu'un débitant sert des liqueurs alcooliques à plusieurs mineurs à la fois, il n'y a pas autant de contraventions que de consommateurs mineurs ; et le fait de livrer, dans le même laps de temps, des boissons à plusieurs mineurs buvant ensemble, ne constitue qu'une seule contravention. Il en serait autrement dans le fait de faire boire ces mineurs jusqu'à l'ivresse. Dans ce cas, il y aurait autant de contraventions que de mineurs mis en état d'ivresse. — Cass., 27 janv. 1867, 14 mars 1879.

DE LA PERCEPTION DES DROITS PAR LA RÉGIE

La perception des droits qui pèsent sur les boissons est surveillée par l'administration des contributions indirectes ou la Régie.

Ces droits sont : 1° ceux de *circulation* ; 2° ceux d'*entrée*, qu'il ne faut pas confondre avec les droits d'octroi, car nous verrons que le plus souvent on paie cumulativement et les droits d'entrée et les droits d'octroi ; 3° enfin les droits de *vente en détail*.

Les personnes même qui ne vendent ni en détail, ni en gros, paient un droit de consommation pour les eaux-de-vie ou esprits qu'ils reçoivent.

Le consommateur qui prend le vin chez le débitant doit donc payer, dans les lieux où tous ces droits se perçoivent, et ils se perçoivent tous dans les villes au-dessus de 4.000 habitants, il doit payer, disons-nous, outre le prix d'achat sur le lieu où le vin a été récolté : 1° le droit de circulation, qui peut être payé plusieurs fois ; 2° le droit d'entrée ; 3° le droit de vente en détail ; 4° le droit d'octroi ; 5° les frais de transport, d'entrepôt et de mise en cave ; 6° la patente du débitant ; 7° son loyer ; 8° l'entretien du débitant et de sa maison et ses bénéfices.

La loi ne connaît point de gradation dans l'évaluation des boissons. Chaque espèce de boisson est assujettie au même droit fixe, quelle que soit sa qualité et sa valeur. Ainsi les droits sont les mêmes pour les meilleurs vins que pour les vins les plus ordinaires.

Cette règle est générale : elle est la base de tout le système des impôts indirects, et ne reçoit d'exception que pour les droits de circulation sur les alcools, eaux-de-vie, esprits, liqueurs, sur lesquels le droit de circulation est fixé d'après le degré desdits alcools, eaux-de-vie, esprits et liqueurs.

Droit de circulation.

A chaque enlèvement ou déplacement de vins, cidres, poirés, hydromels, eaux-de-vie, esprits et liqueurs, il est perçu un droit de circulation. — Loi du 28 avril 1816, art. 1er.

Tarif du droit.

Il n'est dû qu'un seul droit de circulation pour le transport à la destination déclarée, quelles que soient la longueur et la durée du trajet, et nonobstant toute interception ou changement de voie et de moyens de transport. — Loi du 28 avril 1815, art. 2.

Sont exempts du droit de circulation : 1° les boissons qu'un propriétaire fait conduire de son pressoir ou d'un pressoir public dans ses caves ; 2° celles qu'un colon ou fermier remet au propriétaire ou reçoit de lui en vertu d'un bail authentique ou d'un usage notoire. — Ibid., art. 3, § 1 et 2 ; — 3° les vins, cidres et poirés, transportés par un propriétaire ou fermier des caves où la récolte a été déposée dans une autre de ses caves ou celliers situés dans le même département, ou,

hors de ce département, dans les arrondissements limitrophes (Loi du 17 juillet 1817);
4° toutes les boissons enlevées à la destination
de marchands en gros, courtiers, facteurs,
commissionnaires, distillateurs, munis de la
licence relative à leur profession ; ainsi que
les vins, cidres et poirés enlevés à la destination des débitants en détail, pourvu qu'ils
soient aussi munis de leur licence (Loi du
25 mars 1817, art. 82) : 5° enfin, les boissons
enlevées pour l'étranger et les colonies fran-
çaises. (Loi du 28 avril 1816, art. 5).

Perception.

Pour assurer la perception des droits de
circulation, aucun enlèvement ou transport
de boissons ne peut être fait sans *déclaration*
préalable de l'expéditeur ou de l'acheteur, et
sans que le conducteur soit muni, suivant les
cas, ou d'un *congé*, certificat de la régie constatant que les droits ont été payés, ou d'un
passavant, certificat qui constate que les
boissons peuvent passer sans payer les droits,
ou d'un *acquit-à-caution*, certificat pour faire
passer librement les boissons à leur destination, sauf le paiement ultérieur, s'il y a lieu,
des droits de circulation. — Loi du 28 avril
1816, art. 6.

Le congé se délivre gratuitement sur le
paiement du droit de circulation ; le *passavant*, nécessaire pour les boissons que le
propriétaire transporte du pressoir dans sa

cave ou d'une cave dans une autre, ainsi que pour celles envoyées par le fermier au propriétaire, ou réciproquement, coûte 25 centimes, timbre compris ; l'*acquit-à-caution*, nécessaire pour toutes les boissons expédiées à l'étranger, et pour les eaux-de-vie dont le droit ne se paie qu'à la destination, coûte également 25 centimes. — Ibid., art. 7, 8 et 9.

Il suffira d'une de ces expéditions ou certificats pour plusieurs voitures ayant la même destination et marchant ensemble. — Ibid., art. 6.

Dans les cas où un simple passavant est nécessaire, s'il n'y a pas de bureau de la régie dans le lieu d'où les boissons sont enlevées, elles peuvent partir avec un *laissez-passer* signé par l'expéditeur. Ce *laissez-passer* est échangé au premier bureau. Les boissons circulant au delà de ce bureau, sans congé, ou passavant, ou acquit-à-caution, sont passibles de la saisie. — Ibid., art. 12.

Délai pour le transport.

Les boissons doivent être conduites à la destination déclarée dans le délai porté sur l'expédition. Ce délai sera fixé en raison de la distance à parcourir et des moyens de transport. Il sera prolongé, en cas de séjour en route, de tout le temps pendant lequel le transport aura été interrompu. Il n'y aura lieu à un nouveau droit de circulation que dans le cas où l'interruption serait suivie d'un changement de destination. — Loi du 28 avril 1816, art. 13.

La suspension du transport est déclarée à la régie, qui retient les expéditions et les rend visées au conducteur, lorsque les boissons repartent.

Toute opération nécessaire pour la conservation des boissons pendant le transport doit être faite en présence des employés de la régie.

Les accidents qui forceraient le conducteur à décharger les boissons doivent être constatés par les employés de la régie ou par le maire du lieu. — Ibid., art. 14 et 15.

Les voituriers, bateliers, etc., qui transportent des boissons, sont tenus d'exhiber à toute réquisition des employés de la régie, des douanes et des octrois, les congés, passavants, acquits-à-caution ou laissez-passer dont ils doivent être porteurs. A défaut de cette exhibition, ou si les employés reconnaissent quelque fraude ou contravention, le chargement est saisi. Les voitures, chevaux et autres objets sont également saisis, mais seulement comme garantie de l'amende à défaut de caution solvable ; les autres marchandises qui ne sont pas en fraude sont rendues. — Loi du 28 avril 1816, art. 17.

Les voyageurs ne sont pas tenus de se pourvoir d'une expédition pour les vins destinés à leur usage pendant le voyage, pourvu qu'ils n'en aient pas au delà de trois bouteilles par personne. — Ibid., art. 18.

Toute contravention aux dispositions précédentes est punie de la confiscation des boissons saisies et d'une amende de vingt-cinq à six cents francs. — Ibid., art. 19.

Droits d'entrée.

Dans les villes et communes ayant une population agglomérée de 4.000 habitants et au-dessus, il est perçu, au profit du trésor, un droit d'entrée sur les boissons introduites ou fabriquées à l'intérieur, et destinées à la consommation du lieu. — Loi du 28 avril 1816, art. 20, modifié par la loi du 12 décembre 1830.

Le droit est perçu dans les faubourgs des lieux qui y sont assujettis et sur toutes les boissons reçues par les habitants établis sur le territoire de la commune. Les habitations éparses et les dépendances rurales en sont affranchies. — Ibid., art. 217.

Les liqueurs et fruits à l'eau-de-vie paient comme l'alcool pur ; les eaux-de-vie et esprits ne paient que pour la quantité d'alcool pur qu'ils contiennent ; on reconnaît cette quantité en multipliant la quantité des eaux-de-vie ou esprits par leur degré, et en retranchant les deux derniers chiffres du produit.

Les vendanges et les fruits à cidre ou poiré sont soumis au même droit, à raison de trois hectolitres de vendange pour deux hectolitres de vin, et de cinq hectolitres de pommes ou poires pour deux hectolitres de cidre ou poiré.

Les fruits secs destinés à la fabrication du cidre ou poiré sont imposés à raison de vingt-cinq kilogrammes de fruits pour un hecto-litre de cidre ou poiré.

Les eaux-de-vie ou esprits altérés par un mélange quelconque sont soumis au même droit que les eaux-de-vie ou esprits purs. — Ibid., art. 23.

Si cependant les eaux-de- vie ou esprits se trouvent dénaturés par le mélange, lorsque par exemple il en a été fait des vernis, le droit d'entrée ne doit pas en être payé.

Les boissons récoltées par de simples particuliers dans les dépendances rurales d'une commune assujettie au droit d'entrée, doivent, comme les boissons prove-nant de toute autre commune, être soumises au droit, lorsqu'elles sont destinées à la consommation du lieu principal. — Cass., 26 août 1813.

Les *piquettes* ne paient pas le droit d'entrée, à moins qu'elles ne soient déplacées pour être vendues en gros ou en détail. — Ibid., art. 42.

Avant d'introduire des boissons dans un lieu sujet aux droits d'entrée, et, dans les lieux où il n'existe qu'un bureau central de perception, avant de décharger les boissons et de les introduire au domicile du destina-taire, le conducteur doit en faire la déclara-tion au bureau, produire les congés, acquits-à-caution ou passavants dont il est porteur, et payer les droits, si ces boissons sont desti-nées à la consommation du lieu. — Ibid., art. 24 et 25.

Les boissons ne peuvent être introduites

dans un lieu sujet au droit d'entrée, pendant les mois de janvier, février, novembre et décembre, que depuis sept heures du matin jusqu'à six heures du soir ; et pendant les mois de mars, avril, septembre et octobre, que depuis six heures du matin jusqu'à sept heures du soir ; enfin, pendant les mois de mai, juin, juillet et août, que depuis cinq heures du matin jusqu'à huit heures du soir. — Ibid., art. 26.

Toute introduction de boissons dans un lieu sujet aux droits d'entrée, et, s'il n'y a qu'un bureau central de perception, le déchargement des mêmes boissons avant la déclaration et le paiement du droit d'entrée, sont punis de la confiscation des boissons et d'une amende de 100 à 200 francs., suivant la gravité des cas.

La fraude par les voitures suspendues est punie, outre la saisie, d'une amende de 1,000 francs ; celle par escalade, par souterrain ou à main armée, est punie de six mois de prison, outre l'amende et la confiscation. — Ibid., art. 46.

Et, à cet effet, les employés visitent les voitures publiques ou privées, suspendues ou non suspendues, les personnes à pied, à cheval ou en voiture, qui entrent dans les villes sujettes au droit d'entrée, pour vérifier si elles introduisent des boissons.

Toutefois les courriers ne peuvent être arrêtés à leur passage, sous prétexte de perception des droits d'entrée, mais ils doivent acquitter ces droits sur les objets qui y sont sujets ; à cet effet, les employés peuvent accompagner les malles et assister au déchargement. — Ibid., art. 45.

Celui qui a introduit des boissons, ne peut, quelque motif qu'il allègue, être déchargé de l'amende et de la confiscation, s'il n'a préalablement fait sa déclaration et payé le droit ; il suffit, pour que la peine soit encourue, que les boissons aient dépassé le bureau de perception.

Toutes les fois qu'il y a contravention, les employés saisissent les boissons ; ils saisissent aussi les voitures, les chevaux et autres moyens de transport, à moins que le conducteur ne consigne le *maximum* de l'amende, ou ne donne caution solvable. — Ibid., art. 27.

A l'égard des boissons recueillies ou préparées dans l'intérieur de la commune, la loi autorise la régie à en dresser inventaire chez les propriétaires, qui sont contraints d'en verser immédiatement le droit.

Passe-debout et transit.

Les boissons introduites dans un lieu sujet aux droits d'entrée, pour le traverser seulement ou y séjourner moins de vingt-quatre heures, ne sont pas soumises à ces droits ; mais le conducteur est tenu d'en consigner ou d'en faire consigner le montant à l'entrée, et de se munir d'un permis ou *passe-debout*.

La somme consignée n'est restituée, ou la

caution déchargée, qu'au départ des boissons, et après que la sortie a été justifiée.

Lorsqu'il est possible de faire escorter les chargements, le conducteur est dispensé de consigner ou de cautionner les droits. — Ibid., art 28.

Les boissons conduites à un marché dans un lieu sujet aux droits d'entrée sont soumises aux formalités de l'article précédent. —Ibid., art. 29.

En cas de séjour des boissons au delà de vingt-quatre heures, le *transit* est déclaré par le conducteur ; la consignation et le cautionnement du droit d'entrée subsistent pendant toute la durée du séjour ; les congés, acquits-à-caution ou passavants sont conservés par les employés de la régie jusqu'à la reprise du transport ; ils sont visés et remis au départ, après vérification des boissons qui doivent être représentées aux employés à toute réquisition. — Ibid., art. 30.

Entrepôt.

Tout négociant ou propriétaire qui fait conduire dans un lieu sujet aux droits d'entrée, au moins neuf hectolitres de vin, dix-huit hectolitres de cidre ou poiré, ou quatre hectolitres d'eau-de-vie ou d'esprit, peut demander l'admission de ces boissons en entrepôt, et n'est tenu d'acquitter les droits d'entrée que sur les quantités qu'il ne représenterait pas, ou qu'il ne justifierait pas avoir fait sortir de la commune. La durée de l'entrepôt est illimitée. — Ibid., art. 31.

On voit que l'avantage que l'entrepôt donne à l'entrepositaire, c'est de faire entrer les boissons dans la commune sujette aux droits d'entrée, pour les en faire sortir à sa volonté, et de ne payer le droit d'entrée que sur la partie de ces boissons qu'il ne représenterait pas ou qui n'aurait pas été expédiée au dehors, c'est-à-dire, qui aurait été consommée dans la commune.

Celui qui a déjà des boissons en entrepôt peut y en faire entrer une quantité moindre que celle fixée ci-dessus.

On peut aussi demander l'entrepôt pour les vendanges, quand on veut exporter les boissons qui en proviendront. — Ibid., art. 35.

Le bouilleur ou distillateur doit payer les droits d'entrée des eaux-de-vie ou esprits provenant de sa distillation, s'il n'a pas demandé l'entrepôt. La quantité de ces eaux-de-vie et esprits est constatée par l'exercice des commis. — Ibid., art. 36.

Les déclarations d'entrepôt sont faites avant l'introduction des chargements, et signées par les entrepositaires ou leurs fondés de pouvoirs. Elles indiquent les magasins, caves et celliers où les boissons doivent être déposées. — Ibid., art. 35.

L'entrepôt à domicile est prohibé dans les communes soumises au droit d'entrée, si le conseil municipal en fait la demande, et qu'il existe dans la commune un entrepôt public.

Ceux qui ont obtenu l'entrepôt sont obligés de produire aux commis, lors de leurs exercices, des certificats de sortie pour les boissons expédiées à l'extérieur, et des quittances de droit d'entrée pour celles qu'ils ont livrées dans la commune. A la fin de chaque trimestre, ils sont tenus de payer ce même droit pour les quantités manquantes à leur charge, sauf les déductions pour coulage et ouillage. — Ibid., art. 37.

Si les boissons sont déposées dans un entrepôt public, sous la clef de la régie, l'entrepositaire n'est pas tenu de payer le droit pour les boissons qui manquent à sa charge, à moins que la régie ne prouve que la soustraction a eu lieu par la faute ou la négligence de l'entrepositaire. — Ibid., art. 38.

Droits et exercices de la Régie.

Le droit de consommation se paye à l'arrivée des eaux-de-vie, esprits et liqueurs, avant la décharge de l'acquit-à-caution. — Loi du 28 avril 1816, art. 87 et 88.

Les débitants peuvent s'affranchir des exercices de la régie en payant le même droit à l'entrée. — Loi du 21 avril 1832, art. 41.

Les eaux-de-vie versées sur les vins sont affranchies du droit de consommation, si la quantité n'excède pas le vingtième de la quantité de vin soumise à cette opération, laquelle ne peut se faire qu'en présence des employés de la régie. — Ibid., art. 91.

Déclaration.

Les cabaretiers, aubergistes, traiteurs, restaurateurs, maîtres d'hôtels, garnis, cafetiers, liquoristes, buvetiers, débitants d'eaux-de-vie, concierges, et autres donnant à manger au jour ou à l'année, ainsi que tous autres qui voudront se livrer à la vente en détail des vins, cidres, poirés, hydromels, eaux-de-vie, liqueurs, etc., doivent en faire la déclaration au bureau de la régie, avant de commencer leur débit ; ils sont tenus de désigner les espèces de boissons qu'ils ont en leur possession, dans les caves ou celliers de leur demeure, ou ailleurs, ainsi que le lieu de la vente, comme aussi d'indiquer par une enseigne ou bouchon leur qualité de débitant. — Ibid., art. 50.

Licence.

En faisant la déclaration et avant de commencer le débit, ils doivent se munir d'une licence, qui n'est valable que pour un seul établissement et pour l'année où elle a été délivrée. Le droit de licence est payé comptant et entier, à quelque époque de l'année que la licence soit prise.

Prix de vente.

Les vendants en détail sont tenus de déclarer aux commis de la régie, toutes les fois qu'ils en sont requis, les prix de vente de leurs boissons. Ces prix sont inscrits sur les registres portatifs des commis et sur une affiche apposée par le débitant dans le lieu le plus apparent de son domicile. — Ibid., art. 48.

En cas de contestation sur l'exactitude de la déclaration des prix de vente, il en est référé au maire de la commune, qui prononce, sauf le recours au préfet. Le droit de 10 0/0 est perçu provisoirement d'après la décision du maire sauf rappel ou restitution.

Les débitants sont tenus à la déclaration pour toutes les boissons qu'ils ont en leur possession soit pour la vente, soit pour leur consommation sans distinction.

Déchet.

Toutefois il est accordé aux débitants pour déchet et consomnation de famille 3 0/0 sur le montant du droit de détail.

Visites.

Toute personne qui vend au détail des boissons, quelles qu'elles soient, est soumise aux visites et exercices des employés de la régie — Ibid., art. 52, — et les débitants sont tenus d'ouvrir leurs caves, celliers et autres parties de leurs maisons, aux employés de la régie, pour y faire leurs visites, même les jours de fêtes et dimanches. — Ibid., art. 56.

Registres des commis.

Les boissons déclarées par les débitants sont comptées et prises en charge aux registres portatifs des commis. Il en est de même de toutes les boissons qui arrivent pendant le cours du débit et qui ne peuvent être introduites chez le débitant qu'en vertu de congés, acquits-à-caution ou passavants, et des quittances des droits d'entrée et d'octroi dans les lieux où ces droits se perçoivent. A l'effet de l'inscription sur les registres portatifs des employés, les futailles sont jaugées et marquées par ces employés, les boissons dégustées et le degré des eaux-de-vie vérifié. — Ibid., art. 53.

Registres des débitants.

Les débitants peuvent avoir un registre sur papier libre, coté et paraphé par le juge de paix, et les commis sont tenus d'y consigner le résultat de leurs exercices et les paiements qui auront été faits, ou de mentionner dans leurs actes, au portatif, le refus fait par le débitant de se munir dudit registre ou de le représenter. — Ibid., art. 35.

Comme le droit de la vente au détail est perçu d'après le prix déclaré par le débitant, celui-ci ne peut changer ce prix sans prévenir les employés de la régie ; il ne peut pas augmenter ou diminuer le degré des eaux-de-vie par des mélanges, ni changer la qualité des autres boissons déclarées et prises en charge

par ces employés, sans avoir préalablement
appelé lesdits employés pour être présents à
l'opération et la mentionner sur le portatif. —
Ibid., art. 59.

Les débitants ne peuvent vendre les boissons en gros, qu'en futailles contenant au
moins un hectolitre (100 litres), et il ne pourra
en être fait décharge à leur compte, qu'autant que les vaisseaux auront été démarqués
par les commis. En cas d'enlèvement sans
démarque, le droit de détail sera constaté par
la contenance de la futaille, sans préjudice
des effets de la contravention.

Le compte des débitants est également
déchargé des qualités de boissons gâtées ou
perdues, lorsque la perte sera dûment justifiée. — Ibid., art. 57.

Il résulte de ces diverses dispositions que
le débitant ne doit le droit de détail que
pour les boissons réellement vendues en
détail, non pour celles vendues en gros, ni
pour celles qui ont été gâtées ou perdues.

Et, afin que le débit des boissons puisse
être plus facilement surveillé par les employés de la régie, il est défendu au débitant
d'avoir ni de recevoir, sans une autorisation
spéciale, des boissons en vaisseaux d'une
contenance moindre qu'un hectolitre, d'établir le débit des vins et eaux-de-vie sur des
vaisseaux d'une contenance de plus de cinq
hectolitres, de mettre en vente ou avoir en
perce plus de trois pièces de chaque espèce
de boissons.

Vins en bouteilles.

Le débitant peut mettre les vins en bouteilles mais la transvasion a lieu en présence des commis ; les bouteilles sont cachetées du cachet de la régie ; le débitant fournit la cire et le feu. — Ibid., art. 58.

Il a néanmoins été jugé que le débitant peut se servir de bouteilles pour servir les consommateurs, et qu'il peut, sans autorisation spéciale de la régie, recevoir, des marchands en gros, des paniers de vingt-cinq bouteilles et au-dessus.

Pour la fixation des droits de vente au détail, la bouteille est comptée pour un litre, la demi-bouteille pour un demi-litre, et les droits perçus en raison de cette contenance. — Ibid., art. 145.

Le débitant peut avoir, au plus, un seul râpe de raisin de trois hectolitres, pourvu qu'il ait en cave au moins trois hectolitres de vin. Il ne peut verser de vin sur ce râpe hors la présence des commis. — Ibid., art. 60.

Il est défendu aux vendants en détail de receler des boissons dans leurs maisons ou ailleurs ; et à tous propriétaires ou principaux locataires, de laisser entrer chez eux des boissons appartenant aux débitants, sans qu'il y ait bail par acte authentique pour les caves, celliers, magasins et autres lieux où les boissons seront placées.

Toute communication intérieure entre les maisons des débitants et les maisons voisines est interdite, et les commis sont autorisés à exiger qu'elle soit scellée. — Ibid., art. 61.

S'il y a impossibilité d'interdire les communications, le voisin du débitant peut, en vertu d'un arrêt du préfet, être soumis aux exercices des commis et au paiement du droit à la vente au détail, si sa consommation apparente est évidemment supérieure à la consommation réelle de sa famille, d'après les habitudes du pays. — Ibid., art. 62, 63 et 64.

Les débitants qui ont refusé de souffrir l'exercice des employés sont tenus, outre les suites à donner aux procès-verbaux constatant ce refus, au payement du droit de détail sur toutes les boissons restant en charge lors du dernier exercice ; ils acquittent, en outre, le même droit pour tout le temps de la suspension des exercices au *prorata* de la somme la plus élevée qu'ils auront payée pour un trimestre pendant les années précédentes. Le procès-verbal constatant le refus d'exercice de la part du débitant, doit être visé par le maire, dans les vingt-quatre heures de la présentation qui lui est faite. — Ibid., art. 68.

Les débitants qui ont déclaré cesser leur débit, doivent retirer leur enseigne ou bouchon, et restent soumis, pendant les trois mois suivants, à l'exercice des employés. S'ils continuent la vente, il est dressé procès-verbal de la contravention, et ils sont tenus, en outre, pour tout le temps écoulé depuis la déclaration de cessation, au paiement des droits, en proportion des sommes constatées à leur charge pendant le trimestre précédent. — Ibid., art. 67.

En cas de soupçon de fraude à l'égard des particuliers non sujets à l'exercice, les employés, sur l'ordre d'un employé supérieur du grade de contrôleur, et avec l'assistance du juge de paix, du maire ou du commissaire de police, peuvent faire des visites dans l'intérieur des habitations soupçonnées ; ils peuvent, sans observer ces formalités, suivre dans l'intérieur des habitations non soumises à l'exercice, les boissons transportées en fraude, et introduites dans lesdites habitations pour les soustraire à la saisie des commis. — Ibid., 237.

Des propriétaires vendant en détail des boissons de leur cru.

Les propriétaires qui vendent en détail des boissons de leur cru, jouissent d'une remise de 25 0/0 sur les droits qu'ils ont à payer. Ils déclarent préalablement la quantité de boissons de leur cru qu'ils ont en leur possession, et celle qu'ils entendent vendre en détail, avec soumissions de ne vendre que des boissons de leur cru. Ils vendent par eux-mêmes ou par leurs domestiques, dans des maisons à eux appartenant, ou par eux louées par bail, déclaration verbale, ou écrite. — Ibid., art. 85.

Ils ne fournissent aux buveurs que les boissons déclarées, avec bancs et tables. Ils peuvent établir leurs ventes avec des vaisseaux d'une contenance au-dessus de cinq hectolitres. Ils sont soumis aux mêmes obligations que les débitants de profession, et par conséquent ils doivent se munir d'une licence et en payer le droit conformément au tarif ; les visites des commis de la régie n'ont pas lieu dans l'intérieur de leur domicile, si le local de la vente en détail en est séparé. — Ibid., art. 86.

Perception des droits et peines
en cas de contravention.

Tous les trois mois, il est fait par les employés de la régie un *compte des droits à percevoir* chez chaque débitant. Pour établir ce compte, on déduit les boissons restant chez le débitant, celles gâtées ou dont la perte est justifiée, des boissons portées à la charge dudit débitant par les exercices de la régie ; la différence donne la quantité des boissons manquantes, c'est-à-dire vendues en détail, et c'est d'après cette quantité qu'est fixé le droit de 10 0/0 à percevoir. Du produit de ce droit il faut déduire 3 0/0 pour déchet et consommation de la famille du débitant, et 25 0/0, s'il s'agit d'un propriétaire vendant les boissons de son cru ; la quantité des boissons restantes chez le débitant est portée en compte nouveau.

Le *paiement* des droits est exigé à la fin de chaque trimestre ou à la cessation de com-

merce du débitant. Il peut même l'être au fur
et à mesure de la vente, pourvu qu'il y ait une
pièce entière de débitée, ou lorsque les boissons ont été mises en vente dans les foires,
marchés ou assemblées. — Ibid., art. 65.

Les boissons trouvées en la possession de
personnes vendant en détail, sans déclaration,
ainsi que celles à l'égard desquelles des contraventions sont constatées, sont saisies par
les employés de la régie. — Ibid., art. 94.

Les personnes convaincues de faire le commerce des boissons en détail sans déclaration
préalable, ou après déclaration de cesser, seront punies, outre la confiscation des boissons,
d'une amende de 300 francs à 1.000 francs ;
les contrevenants pourront, néanmoins, obtenir la restitution des boissons saisies, en
payant, indépendamment de l'amende prononcée par le tribunal, la somme de 1.000 francs —
Ibid., art. 95.

Toute contravention relative au droit de
licence, si, par exemple, le débitant a conti-
nué son commerce au delà de l'année, sans
se pourvoir d'une nouvelle licence, est punie
d'une amende de 300 francs, laquelle, en cas
de fraude, est augmentée du quadruple des
droits fraudés. — Ibid., art. 171.

Les autres contraventions relatives aux
droits à la vente en détail, sont punies, outre
la confiscation des boissons saisies, d'une
amende de 50 à 300 francs la première fois, et
toujours de 500 francs en cas de récidive. —
Ibid., art. 96.

Abonnement pour les droits de vente en détail.

Toutes les fois qu'un débitant se soumet à payer par abonnement l'équivalent du droit de détail dont il est estimé passible, il doit y être admis par la régie. Lorsque la régie n'est pas d'accord avec le débitant pour la fixation de cet abonnement, le préfet, en conseil de préfecture, prononce, sauf recours au Conseil d'Etat, en prenant en considération la consommation des années précédentes et les circonstances qui peuvent influer sur le débit de l'année pour laquelle l'abonnement est requis. L'abonnement est fait pour une année, et n'est définitif qu'après l'approbation de la régie ; sa durée ne peut excéder un an. —Ibid., art. 70.

La régie peut encore consentir, avec le débitant, un abonnement à l'hectolitre pour les différentes boissons qu'il aura déclaré vouloir vendre ; la durée de cet abonnement ne peut être que de deux trimestres. — Ibid., art. 71.

L'effet de l'abonnement à l'hectolitre est de dispenser le débitant de déclarer aux commis de la régie le prix des boissons.

L'abonnement, pour le débit en général, l'affranchit de tout exercice de la régie.

Ces abonnements sont révoqués de plein droit en cas de fraude ou contravention dûment constatées. — Ibid., art. 72.

Dans les villes où le conseil municipal en fera la demande, la régie doit aussi consentir un abonnement général pour les droits d'entrée, de détail et de circulation à l'intérieur, mais à la condition que la commune s'engage à payer à la régie, par vingt-quatrième, de quinzaine en quinzaine, la somme convenue pour l'abonnement : à l'effet de quoi elle est autorisée à s'imposer comme pour les dépenses communales. Cet abonnement est conclu pour une année, et révocable de plein droit en cas de non paiement d'un des termes à l'époque fixée. — Ibid., art. 73 et 74.

Dans les villes où cet abonnement a été consenti, tout exercice de la régie est supprimé, et la circulation des boissons dans l'intérieur de ces villes est affranchie de toute formalité. — Ibid., art. 76.

Outre l'abonnement particulier consenti à un débitant, et l'abonnement général réclamé par une commune, il y a encore une espèce d'abonnement qui n'engage pas la commune : il est consenti par la régie aux débitants d'une même commune qui agissent collectivement sous l'approbation du conseil municipal et sont solidairement responsables du paiement dudit abonnement.

La demande du tiers des débitants d'une commune, approuvée par le conseil municipal, suffit pour que la régie doive consentir, pour une année et sauf renouvellement, à remplacer le droit de détail par exercice, au moyen de répartition, sur la totalité des débitants, de l'équivalent du dit droit. — Ibid., art. 79.

Lorsque ce remplacement est adopté, les syndics nommés par les débitants, sous la présidence du maire ou de son délégué, procèdent, en présence de ce magistrat, à la répartition de la somme à imposer entre tous les débitants alors existant dans la commune. Les rôles arrêtés par les syndics et rendus exécutoires par le maire, sont remis au receveur de la régie, pour en poursuivre le recouvrement. — Ibid., art. 79.

Les débitants ainsi abonnés sont solidaires pour le paiement des sommes portées aux rôles ; en conséquence, aucun nouveau débitant ne peut s'établir dans la commune pendant la durée de l'abonnement, s'il ne remplace un autre débitant compris dans la répartition. — Ibid., art. 80.

Les sommes portées aux rôles sont exigibles par douzième, de mois en mois, d'avance et par voie de contrainte.

A défaut de paiement d'un terme échu, les débitants étant mis en demeure de faire ce paiement, la régie peut faire révoquer l'abonnement par le préfet et faire rétablir immédiatement la perception par exercice, sans préjudice des poursuites à exercer pour les sommes exigibles en vertu de l'abonnement. — Ibid., art. 81.

Les employés de la régie constatent, sur la demande des débitants ou de leurs syndics, toute vente en détail des boissons opérée par des personnes non comprises dans la répartition. Dans les communes dont les débitants sont ainsi abonnés, les poursuites sont exercées par des syndics, et les condamnations prononcées tournent au profit de la masse des débitants. — Ibid., art. 82.

Les débitants abonnés, ou leurs syndics, peuvent accorder à des personnes non comprises dans la répartition le droit de vendre en détail, moyennant une rétribution qui tourne aussi au profit de la masse. — Ibid., art. 83.

Il est nécessaire de remarquer quelques différences entre ces trois sortes d'abonnements :

L'abonnement particulier d'un débitant est fait par le débitant lui-même, directement avec la régie ; il est payé par lui directement, et n'empêche pas qu'un autre débitant vienne s'établir dans la même commune.

L'abonnement communal est fait par la commune et payé par elle : elle s'impose à cet effet, et les débitants ne sont point imposés comme débitants, mais seulement comme tous les habitants de la commune. Cet abonnement communal n'empêche pas un autre débitant de s'établir dans la même commune.

Enfin, par la troisième espèce d'abonnement, les débitants agissent collectivement par leurs syndics, sous l'approbation du conseil municipal et la surveillance du maire ; l'abonnement est payé par les débitants eux-mêmes, sans que la commune soit engagée. Il ne peut alors s'établir un nouveau débitant qu'en remplacement d'un débitant abonné, ou avec l'autorisation des syndics.

Remplacement de tous droits dans les villes ayant 4.000 habitants.

Dans les villes d'une population agglomérée de 4.000 habitants, les droits de circulation, d'entrée, de détail et de licence peuvent, sur le vœu du conseil municipal, être convertis en une taxe unique aux entrées. Ce remplacement peut n'avoir lieu que pour les droits d'entrée, de détail et de licence, auquel cas le droit de circulation se perçoit d'après le mode ordinaire. — Loi du 21 avril 1832, art. 35 et 37.

Droits sur les bières.

Les bières ne sont soumises qu'à un droit de fabrication, qui est le même dans toute la France.

Remplacement des droits divers à Paris.

Dans l'intérieur de la ville de Paris, il n'y a pas d'exercice sur les boissons : le droit de détail et celui des entrées y sont remplacés par une taxe unique aux entrées. — Ibid., art. 92.

Agents des contributions.

Loi du 21 juin 1873. — ART. 1er. Les agents de l'administration des contributions indirectes pourront prêter serment et exercer leurs fonctions à partir de l'âge de vingt ans.

2. Est étendu aux gardes champêtres le pouvoir donné par l'article 5 de la loi du 28 février 1872 (Vᵉ Boissons) aux agents qu'il énumère, de verbaliser en cas de contravention aux lois sur la circulation des boissons.

Procès-verbaux.

3. Les procès-verbaux dressés par les agents des contributions indirectes seront affirmés par deux des verbalisants, dans les trois jours de la clôture de l'acte, devant l'un des juges de paix établis dans le ressort du tribunal qui doit connaître du procès-verbal, ou devant l'un des suppléants de ce juge de paix. L'affirmation énoncera qu'il en a été donné lecture aux affirmants.

4. Les procès-verbaux dressés avec l'accomplissement des formalités indiquées par les articles 21 et 24 du décret du 1ᵉʳ germinal an XIII (Voy. *Sup.*), par deux des employés des contributions indirectes, dont l'un sera majeur, des douanes ou des octrois, et affirmés par eux, conformément à l'article précédent, feront foi en justice jusqu'à inscription de faux conformément à l'article 26 du décret précité.

5. Lorsqu'un procès-verbal constatant une contravention à la circulation des boissons aura été dressé par un ou plusieurs des

autres agents autorisés par la loi à verbaliser, suivant les formes propres à l'administration ou aux services auxquels ils appartiennent, ou bien par un seul des employés des contributions indirectes, il ne fera foi en justice que jusqu'à preuve contraire, conformément aux articles 154 et suivants du Code d'instruction criminelle.

Transport de spiritueux.

6. Tout transport de spiritueux sans expédition ou avec une expédition inapplicable donnera lieu aux pénalités édictées par l'article premier de la loi du 28 février 1872. — Les déclarations d'enlèvement d'alcool et spiritueux devront porter la contenance de chaque fût et le degré avec un numéro correspondant à celui placé sur le fût. — Le dépotoir cylindrique à échelle, de même que tout dépotoir dont l'exactitude aura été constatée par le vérificateur des poids et mesures, sera désormais placé au nombre des mesures légales et poinçonné par lesdits vérificateurs.

Contraventions.

7. Les contraventions auxquelles se réfèrent les articles 19 et 96 de la loi du 28 avril 1816, le second alinéa de l'article 106 de ladite loi et le second alinéa de l'article 1er de la loi du 28 février 1872, donneront lieu dorénavant, lorsqu'elles auront pour objets des vins, cidres, poirés et hydromels, à l'application

d'une amende de deux cents francs à mille francs, indépendamment de la confiscation des boissons saisies. — En cas de récidive, l'amende ne pourra pas être inférieure à cinq cents francs. — Une tolérance de un pour cent, soit sur la contenance, soit sur le degré, est accordée aux expéditeurs sur leurs déclarations d'alcools, spiritueux, vins, cidres, poirés et hydromels ; mais les quantités reconnues en excédent seront prises en charge au compte du destinataire.

8. Si le certificat à décharge d'un acquit-à-caution n'est pas présenté, l'action de la régie contre l'expéditeur devra être intentée, sous peine de déchéance, dans le délai de quatre mois, à partir de l'expiration du délai fixé pour le transport.

9. Toute personne convaincue d'avoir sciemment recélé dans des caves, celliers, magasins ou autres locaux dont elle a la jouissance, des boissons qui auront été reconnues appartenir à un débitant, à un marchand en gros, à un distillateur ou à un bouilleur, sera punie des peines portées par l'article 7 de la présente loi ou par l'article 1er de la loi du 28 février 1872, suivant les cas, sans préjudice des peines encourues par l'auteur de la fraude.

10. Les soumissionnaires des acquits-à-caution délivrés pour le transport des vins contenant plus de quinze pour cent d'alcool s'obligeront à payer, à défaut de justification

de la décharge des acquits-à-caution : —
1° Le sextuple du droit de circulation sur le
volume total du liquide imposable comme
vin ; — 2° Le quadruple droit de consommation sur la quantité d'alcool comprise entre
quinze et vingt-et-un centièmes. — Cette disposition n'est pas applicable aux vins qui,
présentant naturellement une force alcoolique
supérieure à quinze degrés, sans dépasser
dix-huit degrés, sont expédiés directement
par les propriétaires récoltants.

11. Les contraventions constatées en matière
de boissons aux entrées de Paris et de Lyon
et qui constituent une fraude, soit au droit
général sur les alcools et spiritueux, soit au
droit de circulation sur les vins, cidres, poirés
ou hydromels, en même temps qu'au droit
d'entrée compris dans la taxe unique dite *de
remplacement* sont passibles de la double
amende fixée par l'article 46 de la loi du
28 avril 1816 et par les articles 6 et 7 de la
présente loi, sans préjudice des pénalités d'octroi et des autres peines spéciales à la récidive et aux cas de fraude par escalade, par
souterrains ou à main armée, prévus par le
deuxième paragraphe de l'article 46 de la loi
du 28 avril 1816.

12. En cas de fraude dissimulée sous vêtements, ou au moyen d'engins disposés pour
l'introduction ou le transport frauduleux d'alcool ou de spiritueux, soit à l'entrée soit dans
un rayon de un myriamètre à partir de la

limite de l'octroi pour les villes de cent mille âmes et au-dessus, et de cinq kilomètres pour les villes au-dessous de cent mille âmes, d'un lieu sujet au droit d'entrée, les contrevenants encourront une peine correctionnelle de six jours à six mois d'emprisonnement. — Seront considérés comme complices de la fraude, et passibles comme tels des peines ci-dessus, tous individus qui auront concerté, organisé ou sciemment procuré les moyens à l'aide desquels la fraude a été commise ; ceux qui, soit à l'intérieur du lieu sujet, soit à l'extérieur des limites du rayon indiqué au paragraphe précédent, auront formé ou sciemment laissé former, dans leurs propriétés ou dans les locaux tenus par eux à location, des dépôts clandestins destinés à opérer le vidage ou remplissage des engins de fraude.

13. Dans les cas de fraude prévus par l'article précédent et par les lois antérieures, les transporteurs ne seront pas considérés, eux et leurs préposés, ou agents, comme contrevenants, lorsque, par une désignation exacte et régulière de leurs commettants, ils mettront l'administration en mesure d'exercer des poursuites contre les véritables auteurs de la fraude.

14. La pénalité ci-dessus de six jours à six mois d'emprisonnement sera appliquée aux contrevenants qui contrairement à la prohibition de l'article 10 de la loi du 22 mai 1822 et de l'ordonnance royale du 20 juillet 1825,

auront fabriqué, distillé, revivifié à l'intérieur de Paris ou de toute autre localité soumise au même régime prohibitif des eaux-de-vie ou esprits, ou revivifié des alcools dénaturés préalablement introduits avec paiement de la taxe réduite.

15. Dans les cas prévus par les articles 12 et 14 de la présente loi, et dans ceux prévus par l'article 46 de la loi du 28 août 1816, les procès-verbaux constatant les contraventions seront transmis au procureur de la République et déférés aux tribunaux compétents. Dans ces divers cas, la transaction ne pourra s'exercer qu'après le jugement rendu et seulement sur le montant des condamnations pécuniaires prononcées. — Dans tous ces mêmes cas où la peine d'emprisonnement est prononcée par la loi contre les délinquants, les tribunaux pourront appliquer, mais seulement en ce qui concerne cette peine d'emprisonnement, l'article 463 du Code pénal.

16. Dans les villes sujettes au droit d'entrée ou à la taxe unique, les envois de boissons à l'intérieur du lieu sujet par des marchands en gros, des distillateurs, des liquoristes marchands en gros à d'autres commerçants des mêmes catégories devront toujours être déclarés au moins deux heures avant l'heure indiquée pour l'enlèvement. — La régie est autorisée à désigner dans chacune de ces villes, selon les besoins de son service, un ou plusieurs bureaux où les déclarations de ces

envois devront être faites à l'exclusion de tous autres.

17. Sauf les cas de franchise prévus par la loi, le droit de circulation fixé à quinze francs par hectolitre, en principal, pour les vins en bouteilles, sera appliqué à toute quantité quelconque que les marchands en gros, les débitants et les récoltants, quel que soit le régime de perception dans le lieu de leur domicile, expédieront à des consommateurs en tous lieux ou à des débitants établis dans une ville à taxe unique. — Sont abrogées, en ce qui concerne exclusivement les vins en bouteilles, les dispositions de l'article 102 de la loi du 28 avril 1816, et de l'article 16 du décret du 17 mars 1852.

RÉCLAMATIONS

Les contributions directes peuvent donner lieu, soit à des demandes en décharge ou réduction, soit à des demandes en remise ou modération.

Les demandes en décharge ou réduction se font *à titre contentieux ;* il y a lieu à ces demandes lorsque le contribuable a été indûment taxé ou surtaxé, ou que sa maison a été démolie. — Le patenté qui a cédé son établissement dans le courant de l'année peut demander que sa taxe soit transférée à son successeur. Le cédant a intérêt à réclamer, afin d'éviter toute contestation avec son successeur relativement au payement des dou-

zièmes restant à courir, et afin d'être garanti
contre le double emploi qui pourrait exister,
s'il était imposé, ainsi que le prescrit la loi,
une nouvelle patente à son cessionnaire. Les
héritiers ou représentants de patentés dont
les établissements ont été fermés par suite de
décès ou de faillite déclarée, peuvent réclamer la décharge pour les douzièmes restant
à courir. — L. 15 juillet 1880, art. 28. — Voy.
formules nos 7, 8, 9, 11 et 13.

Les demandes en remise ou modération se font *à
titre officieux* ; il y a lieu à ces demandes lorsque le
contribuable, justement taxé dans l'origine, sollicite la
faveur d'une remise complète ou partielle de ses contributions, en se fondant sur ce qu'il a éprouvé des
pertes de revenu par l'effet d'événements extraordi-
naires, ou par suite de chômage d'usine ou de vacance
de maison d'une durée de trois mois au moins. — Les
réclamations sont adressées au préfet, lorsqu'elles ont
pour objet des contributions imposées dans les communes de l'arrondissement du chef-lieu, et au sous-préfet
lorsqu'elles concernent des contributions imposées dans
les communes des autres arrondissements.

Les demandes en décharge ou réduction et en mutation de cote doivent être présentées dans les trois mois
de la publication des rôles, soit primitifs, soit supplé-
mentaires. — Il en est de même lorsque la réclamation est fondée sur un double emploi. — Cons. d'Etat,
26 mars 1870 — mais le contribuable qui a, en cours
d'année, abandonné sa profession par suite de l'expiration de son bail, n'est plus fondé à demander décharge
des douzièmes de sa patente échus postérieurement à
la cessation de la dite profession. — Cons. d'Etat,
26 mars 1870. Cependant, ainsi qu'il a déjà été dit, on
a six mois après l'émission du rôle cadastral, pour
réclamer contre la contenance et le classement des
propriétés non bâties. — Lorsque, par suite de changement de domicile, un contribuable se trouve imposé

par double emploi, le délai pour réclamer ne court qu'à partir du jour où le contribuable a eu connaissance de sa double cotisation, soit par la remise de l'avertissement ou de la contrainte, soit par toute autre notification officielle.

Les demandes en transfert de patente doivent être présentées dans les trois mois qui suivent soit la cession de l'établissement ; soit la publication du rôle supplémentaire dans lequel le cessionnaire aura été personnellement imposé par l'établissement cédé. — L. 15 juill. 1880, art. 28.

Les demandes en réduction de patente, par suite de décès ou de faillite, doivent être présentées dans les trois mois à dater du décès ou de la date du jugement qui déclare l'ouverture de la faillite. — Cons. d'Etat, 30 juin 1858 ; 6 mai 1863.

Si, au moment du décès, les rôles n'étaient pas encore publiés dans la commune que le patentable habitait, le délai se compte à partir de leur publication, alors du moins que l'héritier réside dans la même commune. — Cons. d'Etat, 20 septembre 1871 ; 26 janvier 1877.

Les demandes en dégrèvement pour cause de destruction totale ou partielle des maisons ou usines doivent être présentées dans les trois mois qui suivent l'achèvement des démolitions.

Les demandes en remise ou modération pour chômage d'usine et pour inhabitation de maison doivent être présentées dans les quinze jours qui suivent l'année ou le trimestre de chômage ou d'inhabitation.

Toute réclamation est considérée comme ayant été présentée dans le jour où elle a été enregistrée à la sous-préfecture ou à la préfecture, et non le jour de sa date. — Le jour de la publication du rôle et celui de l'enregistrement à la sous-préfecture ne sont pas compris dans les trois mois que la loi accorde pour la présentation des demandes en décharge ou réduction. Il en est de même du premier et du dernier jour des délais accordés pour les autres réclamations. Ainsi, si le rôle a été publié le 5 janvier, une réclamation relative à la taxe des portes et des fenêtres sera encore produite dans les délais, pourvu qu'elle soit enregistrée le 7 avril ; si un rôle supplémentaire a été publié le 4 mai, une demande relative sera encore dans les délais, pourvu qu'elle soit enregistrée à la sous-préfecture le 6 août ; de même, si une maison précédemment vacante a recommencé le 1ᵉʳ octobre à être habitée, la demande en dégrèvement sera encore dans les délais, pourvu qu'elle soit enregistrée à la sous-préfecture le 16 octobre.

Quand la publication des rôles des contributions directes est entachée d'irrégularité, en ce que ces rôles n'ont pas été affichés, le délai des réclamations ne court contre les contribuables qu'à partir du jour où ils ont été avertis de leur inscription aux dits rôles. — Cons. d'Et., 4 août 1868.

Les réclamations doivent être individuelles.

Toute demande qui a pour objet une cote s'élevant à 30 francs, doit être rédigée sur papier timbré de 0 fr. 60 ; le timbre n'est pas exigible lorsque la cote dont on demande la décharge ne s'élève pas à 30 francs. bien que la cotisation totale du réclamant pour la même nature de contribution soit supérieure à 30 francs.

Ainsi, quand on réclame contre la contribution foncière d'une maison qui n'est, par exemple, que de 25 francs, il n'est pas nécessaire que la pétition soit sur papier timbré, bien que le total de l'avertissement ou seulement le montant de la contribution foncière soit supérieur à 30 francs.

Cette règle est générale et l'obligation de se servir de papier timbré s'applique même aux demandes formées par les percepteurs. — Cons. d'Etat, 7 mai 1880.

Plusieurs contribuables inscrits séparément au rôle, chacun pour une cote supérieure à 30 francs, ne peuvent se réunir à l'effet de former, sur une seule feuille de papier timbré, une réclamation collective contre l'impôt mis à leur charge. — Cons. d'Etat, 24 décembre 1863 ; 20 mai 1881.

En pareils cas, la réclamation n'est régulière qu'à l'égard du contribuable dont le nom figure le premier dans la demande. — Cons. d'Etat, 20 mai 1831.

Les demandes en décharge ou réduction doivent être accompagnées de la quittance des termes échus. — Si le contribuable a omis, lors de la présentation de la demande, de produire la quittance des termes échus, il est encore recevable à le faire tant que le conseil de préfecture n'a pas statué. — Cons. d'Etat, 21 mai 1862.

Mais cette obligation de produire la quittance des termes échus ne s'applique pas aux taxes dont la perception n'est pas divisée par douzièmes, et notamment aux taxes de pavage. — Cons. d'Etat, 3 août 1877.

Ni à la taxe sur les cercles. — Cons. d'Etat, 16 mars 1877.

Les réclamations doivent être faites par les individus nominativement inscrits au rôle. — Nul ne peut réclamer pour autrui, à moins qu'il ne justifie d'un pouvoir régulier. Ainsi, en l'absence d'un pouvoir spécial, un père ne peut réclamer au nom de ses enfants majeurs ; un fils, au nom de son père ou de sa mère ; des fermiers et locataires au nom des propriétaires, et réciproquement : un avoué, un huissier, au nom d'un contribuable ; un syndic de faillite, au nom du failli. — Cons. d'Etat, 12 août 1879 ; un maire, aux lieu et place de ses administrés. — La procuration par simple lettre constitue un mandat régulier, mais un mandat verbal est insuffisant. — Néanmoins, tout héritier d'un contribuable décédé a qualité pour réclamer contre la cote assignée à ce dernier. — Cons. d'Etat. 20 sept. 1871 ; 26 janvier 1877.

Lorsque des patentés réclament contre la fixation de leurs taxes, ils sont admis à prouver la justice de leurs réclamations par la représentation d'actes de société légalement publiés, de journaux et livres de commerce régulièrement tenus, et par tous autres documents. — L. 15 juill. 1880, art. 26.

DES FALSIFICATIONS ET TROMPERIES

Dans l'exercice de la profession de débitant de boissons, on est souvent sujet à des contestations qui, portant sur la nature et la qualité des marchandises vendues, peuvent entraîner pour les vendeurs des peines excessivement graves.

Il nous a donc paru utile de faire connaître la loi qui règle cette matière et la jurisprudence qui a été adoptée jusqu'ici.

Mais, auparavant, nous indiquerons les règles à suivre lorsque les officiers de police chargés de rechercher les délits de falsification se présenteront chez les débitants.

Ces officiers, qui sont d'habitude les commissaires de police ou les maires dans les communes où ces fonctionnaires n'existent pas, ont le droit de s'introduire, pour les diverses constatations qu'ils veulent faire, dans toutes les parties de l'habitation du débitant.

On ne saurait donc leur faire aucune opposition à ce sujet, sans risquer de tomber sous le coup de la loi pénale pour fait de rébellion.

On laissera en conséquence ces magistrats procéder librement aux vérifications et aux saisies, mais on répondra aux questions qui pourraient être faites le plus sobrement possible, en réservant toutes explications qui pourraient être données à ce sujet au tribunal chargé d'apprécier la poursuite, si elle avait lieu.

Il est d'usage, en cas de fraude présumée, qu'une saisie de deux échantillons soit opérée par les soins du fonctionnaire.

Ce dernier clôt à la cire, en présence du débitant, les échantillons saisis sur lesquels son paraphe et celui du débitant sont apposés.

Cette garantie ne nous paraît pas suffisante et il importe de se prémunir d'une façon sérieuse contre toute éventualité qui pourrait engager outre mesure la responsabilité du débitant.

Il conviendra donc, dans ce cas, de demander au magistrat le prélèvement d'un troisième échantillon qui, clos à la cire par ce dernier et paraphé dans la même forme que les deux autres, restera dans les mains du débitant.

Si un refus était opposé, le débitant devrait alors, à son tour, refuser de parapher les échantillons saisis. Il n'existe aucune loi en vertu de laquelle on peut l'y contraindre.

Toutefois, pour plus de sûreté et afin de se mettre à l'abri contre certaines allégations qui ne manqueront pas de se produire plus tard à ce sujet, il sera bon d'envoyer immédiatement chercher un huissier qui, assisté de deux témoins, prélèvera un ou plusieurs échantillons qui, clos à la cire et paraphés par l'officier ministériel et le débitant, pourront être présentés au tribunal aux fins d'une nouvelle expertise.

Dans le tableau qui suit, nous indiquons les

moyens à employer pour découvrir certaines falsifications.

Bien que les analyses des boissons présentent parfois quelques difficultés, il sera néanmoins facile, dans un grand nombre de cas, d'obtenir des résultats satisfaisants. Il importe seulement de bien suivre les conseils qui sont indiqués au tableau.

Loi du 27 mars 1851. — Art. 1er. — Seront punis des peines portées par l'article 423 du Code pénal : 1° Ceux qui falsifieront des substances ou denrées alimentaires ou médicamenteuses destinées à être vendues ; — 2° Ceux qui vendront ou mettront en vente des substances ou denrées alimentaires ou médicamenteuses qu'ils sauront être falsifiées ou corrompues ; — 3° Ceux qui auront trompé ou tenté de tromper, sur la qualité des choses livrées, les personnes auxquelles ils vendent ou achètent, soit par l'usage de faux poids ou de fausses mesures, ou d'instruments inexacts servant au pesage ou mesurage, soit par des manœuvres ou procédés tendant à fausser l'opération du pesage ou mesurage ou à augmenter frauduleusement le poids ou le volume de la marchandise, même avant cette opération ; soit, enfin, par des indications frauduleuses tendant à faire croire à un pesage ou mesurage antérieur et exact.

Art. 2. — Si, dans les cas prévus par l'article 423 du Code pénal ou par l'article 1er de la présente loi, il s'agit d'une marchandise contenant des mixtions nuisibles à la santé, l'amende sera de 50 à 500 francs, à moins que le quart des restitutions et dommages-intérêts n'excède cette dernière somme, l'emprisonnement sera de trois mois à deux ans. — Le présent article sera applicable même au cas où la falsification serait connue de l'acheteur ou consommateur.

Art. 3. — Seront punis d'une amende de 16 francs à 25 francs, et d'un emprisonnement de six à dix jours, ou de l'une de ces deux peines seulement, suivant les circonstances, ceux qui, sans motifs légitimes, dans leurs magasins, boutiques, ateliers ou maisons de commerce, ou dans les halles, foires ou marchés, auront employé soit des poids ou mesures faux, ou autres appareils inexacts servant au pesage ou au mesurage, soit des substances alimentaires ou médicamenteuses qu'ils sauront être falsifiées ou corrompues. — Si la substance falsifiée est nuisible à la santé, l'amende pourra être portée à 50 francs, et l'emprisonnement à quinze jours.

Art. 4. — Lorsque le prévenu, convaincu de contravention à la présente loi ou à l'article 423 du Code pénal, aura, dans les cinq années qui ont précédé le délit, été condamné pour infraction à la présente loi ou à l'article 423, la peine pourra être élevée jusqu'au double du maximum ; l'amende prononcée par l'article 423 et par les articles de la présente loi pourra même être portée jusqu'à

1.000 francs, si la moitié des restitutions et dommages-intérêts n'excède pas cette somme; le tout sans préjudice de l'application, s'il y a lieu, des articles 57 et 58 du Code pénal.

Art. 5. — Les objets dont la vente, usage ou possession constitue le délit, seront confisqués, conformément à l'article 423 et aux articles 477 et 481 du Code pénal. — S'il sont propres à un usage alimentaire ou médical, le tribunal pourra les mettre à la disposition de l'administration pour être attribués aux établissements de bienfaisance. — S'ils sont impropres à cet usage ou nuisibles, les objets seront détruits ou répandus aux frais du condamné. Le tribunal pourra ordonner que la destruction ou effusion aura lieu devant l'établissement ou le domicile du condamné.

Le tribunal pourra ordonner l'affichage du jugement dans les lieux qu'il désignera, et son insertion intégrale ou par extrait dans tous les journaux qu'il désignera, le tout aux frais du condamné.

Art. 7. — L'article 463 du Code pénal sera applicable aux délits prévus par la présente loi.

Art. 8. — Les deux tiers du produit des amendes seront attribués aux communes dans lesquelles les délits auront été constatés.

Art. 9. — Sont abrogés les articles 475, n° 14 et 479, n° 5 du Code pénal.

La tromperie sur la *qualité* de la chose vendue est

restreinte aux pierres fausses et ne peut être étendue aux autres marchandises. — Cass., 3 décembre 1853.

L'article 423 est inapplicable à celui qui a trompé l'acheteur sur la qualité de la marchandise à lui livrée, et non sur la nature même de la marchandise. — Cass. 27 août 1858.

Au contraire, il suffit que la falsification porte soit sur la nature, soit sur la qualité ; elle résulte de tout mélange frauduleux tendant à détériorer la substance annoncée, au préjudice de l'acheteur, quelque peu important qu'il soit. — Cass. 27 avril 1854.

L'article 423 est applicable à la tromperie sur des objets échangés. — Cass., 18 novembre 1858.

Le délit de tromperie sur la nature de la marchandise vendue n'existe pas par cela seul que la marchandise a été falsifiée, mais il existe lorsque cette falsification va jusqu'à dénaturer la marchandise. — Cass., 10 février 1859.

L'article 1" de la loi du 27 mars 1851 est général et s'applique aussi bien aux fabricants dans leurs rapports avec les marchands détaillants qu'à ces derniers dans leurs rapports avec les consommateurs ; il n'y a pas lieu de s'arrêter à l'obligation d'une prétendue complicité entre le fabricant et le détaillant, pour soustraire le premier à toute responsabilité légale. — Cass., 14 avril 1855.

La falsification punie par la loi du 27 mars 1851 résulte de tout mélange frauduleux tendant à détériorer la substance annoncée au préjudice de l'acheteur, ou de l'introduction faite frauduleusement de denrées alimentaires d'une qualité inférieure dans les marchandises de même nature ; présentant extérieurement les apparences d'une qualité supérieure. — Cassation, 11 mars 1859.

Les dispositions de l'article 1", paragraphe 2, loi du 27 mars 1851, s'appliquent à toute falsification de substances alimentaires ou médicamenteuses, que ces substances soient liquides ou solides. — Cass., 14 avril 1855.

Ainsi elles sont applicables à la falsification du lait avec de l'eau. — Cass., 5 janvier 1855.

La loi des 5-9 mai 1855 a déclaré les dispositions de la loi du 27 mars 1851 applicables aux boissons.

Il suffit que les substances mises en vente soient corrompues ; il n'est pas nécessaire, pour constituer le délit, qu'elles soient nuisibles à la santé. — Cass., 29 août 1857.

La détention ou exposition de vins falsifiés suffit pour rendre le détenteur passible de la peine. — Cass., 24 février 1854.

Le marchand convaincu d'avoir vendu des vins additionnés de fuschine dans de notables proportions est, avec raison, déclaré coupable du délit de vente de boissons falsifiées à l'aide de mixtions nuisibles à la santé, alors qu'il est établi, d'une part, qu'il a agi de mauvaise foi, en vue de dissimuler les défectuosités des vins vendus et de tromper les acheteurs, et, d'autre part, que la fuschine dans les proportions constatées, produit des troubles digestifs dangereux. — Cass., 29 novembre 1877.

Et l'individu qui a vendu, avec connaissance de la destination de ce produit et de sa composition malfaisante, le caramel de vin contenant de la fuschine arsenicale qui a servi à la falsification, est, à bon droit, condamné comme complice du délit relevé à la charge du marchand. — Cass., 30 novembre 1877.

Les denrées falsifiées saisies aux gares des chemins de fer doivent être réputées mises en vente lorsqu'elles doivent être livrées directement au destinataire. — Décis. min., 15 juillet 1838.

De même l'introduction dans une ville par un marchand forain de lait falsifié par l'addition d'eau, pour y être débité, constitue l'exposition et la mise en vente de cette denrée. — Cass., 15 juin 1844.

La circonstance que le lait falsifié était mis en vente est suffisamment constatée par la déclaration que ce lait, saisi dans l'établissement du prévenu, se trouvait renfermé dans des boîtes ou pots destinés à être vendus. — Cass., 27 mars 1857.

Les personnes qui, par leur profession, exposent en vente des comestibles, doivent nécessairement apprécier s'ils sont sains ou gâtés, corrompus ou nuisibles, et ne

*peuvent s'excuser sur leur ignorance à cet égard. —
Cass., 13 août 1847.*

*Le procès-verbal qui constate le caractère nuisible des
comestibles saisis ne peut être détruit que par une expertise faite par des gens de l'art : il n'appartient pas au
juge de déclarer lui-même, sans cette vérification préalable, que les comestibles étaient sains et non nuisibles.
— Cass., 18 août 1849.*

Il ne suffit pas pour qu'il y ait lieu à l'application de
l'art. 423 que la qualité de la marchandise vendue ait
été altérée, il faut que le produit livré à la consommation ait été dénaturé de manière à devenir impropre à
l'emploi auquel le destinait le consommateur. — Cass.,
20 février 1875.

Le délit prévu par l'art. 1er, paragraphe final, de la
loi du 27 mars 1851, n'est légalement caractérisé qu'autant que des actes extérieurs et des circonstances
matérielles ont été mis en œuvre pour faire croire à
un pesage ou mesurage antérieur et exact. — Cass.,
26 mars 1874 ; 20 juin 1879 ; 30 décembre 1880.

Lorsque la tromperie a lieu à l'aide de faux poids ou
de fausses mesures, peu importe qu'il s'agisse de poids
et mesures arrêtés conventionnellement d'avance par
l'usage ou par les parties, prohibés ou non, ou de
mesures anciennes si elles sont fausses et inexactes.
— Cass., 7 fév. 1856.

Les mensonges employés pour faire croire à un poids
qui n'existe pas réellement sont insuffisants s'ils ne
sont accompagnés d'indications frauduleuses tendant à
faire croire à un pesage antérieur et exact. — Cass.,
21 juillet 1855.

La tentative de tromperie sur la *nature* de la marchandise n'est pas punie par l'article 423. — Cass.,
4 avril 1857.

La tentative de tromperie n'est punie par la loi du
27 mars 1851 que lorsqu'il s'agit de *qualité* des choses
livrées, ou de leur *quantité*, et à l'aide des moyens
qu'elle précise. — Cass., 1er juillet 1859.

On doit considérer comme faux poids :

Ceux qui sont trouvés altérés ou défectueux, encore

bien qu'ils aient été revêtus de la marque du poinçon de vérification. — Cass., 23 septembre 1826.

Ceux qui, quoique justes, se trouvent altérés momentanément, par exemple par l'addition d'un morceau de fer ou d'un papier dans le plateau d'une balance. — Cass., 29 avril 1831.

Les fausses balances sont assimilées aux faux poids. — Cass., 8 décembre 1832.

La possession de faux poids trouvés dans une armoire de la cuisine d'un marchand doit être punie comme la possession de faux poids dans sa boutique. — Cass., 12 janvier 1809.

Il en est de même de la possession de faux poids et de fausses mesures par un marchand colporteur rencontré dans la rue. Il ne peut être excusé par le motif qu'il n'aurait point été trouvé en vente en boutique ni en marché. — Cass., 12 juillet 1822.

Incapacités électorales.

Le décret du 2 février 1852, art. 15 paragraphe 14, a créé, à l'égard des débitants condamnés pour falsification, vente ou mise en vente de boissons falsifiées, une situation excessivement rigoureuse.

Elle déclare exclus de la liste électorale, à perpétuité, les condamnés à un emprisonnement quelle qu'en soit la durée.

TABLEAU

INDIQUANT LES DIVERSES FALSIFICATIONS ET ALTÉRATIONS
ET LES MOYENS A EMPLOYER POUR LES CONSTATER.

SUBSTANCES	FALSIFIÉES ou altérées par	TRAITÉES PAR	RÉSULTAT dénonçant la fraude ou l'altération.
ALCOOLS et EAUX-DE-VIE (*)	L'alun ou l'acide sulfurique. Le poivre, le gingembre, le pyrètre, la stramoine et l'ivraie. Eau distillée de laurier rose.	Le chlorure de Baryum. L'addition d'un volume égal d'acide sulfurique. Un mélange de persulfate de fer et d'acide chlorhydrique.	Précipité blanc insoluble dans l'acide nitrique. Communique au liquide une teinte brune d'autant plus prononcée que la proportion des matières étrangères est plus considérable. Précipité bleu.
BIÈRE (**)	Feuilles et écorce de buis, feuilles de menyanthe, jus de réglisse, et autres substances végétales amères, le sirop de fécule substitué à l'orge malté, etc.	La dégustation peut seule faire présumer la fraude. Il est difficile de falsifier la bière sans altérer le goût qui lui est particulier.	Coloration en bleu par l'ammoniaque, s'il y a du cuivre. Précipité jaune par le chromate de potasse s'il y a du plomb.

(*) Les alcools et eaux-de-vie peuvent contenir différents sels, notamment des sels de plomb, de cuivre, de zinc, provenant soit de la conservation de l'eau-de-vie dans les vases de zinc ou dans des estagnons de cuivre mal étamés, soit des serpentins construits en alliage de plomb et d'étain. La présence de ces sels dans les alcools pouvant déterminer des accidents sérieux, on ne saurait apporter trop de soin à ne se servir que de vases en bon état et n'offrant aucun danger pour la santé publique.

(**) La bière est une boisson fermentée avec les matières amylacées des céréales (principalement l'orge) et avec le houblon. Les falsifications de cette boisson sont beaucoup plus rares qu'on ne le pense, parce qu'il est difficile de modifier d'une manière notable sa fabrication sans altérer le goût qui lui est particulier. Cependant, on a cherché quelquefois à remplacer le houblon, la substance la plus chère qui entre dans la composition de la bière, par des substances végétales amères, telles que feuilles et écorce de buis, feuilles de ményanthe, fleurs de tilleul, gentiane, tête de pavot, bois de gaïac, jus de réglisse, etc. On a aussi substitué du sirop de fécule en tout ou en partie à l'orge malté, et l'on a cherché à rendre potable de la bière aigre, au moyen de potasse, de craie, de corne de cerf calcinée ou de magnésie. Souvent la bière présente quelques altérations dans lesquelles on a constaté la présence de sels de plomb ou de cuivre ; ces altérations proviennent des chaudières où s'opère le houblonnage, ou de l'emploi de tuyaux de plomb adaptés aux pompes dont on fait depuis quelque temps usage dans les débits de boissons.

SUBSTANCES	FALSIFIÉES ou altérées par	TRAITÉES PAR	RÉSULTAT dénonçant la fraude ou l'altération.
BIÈRE (suite)	Les sels de plomb ou de cuivre provenant des chaudières ou de l'emploi des tuyaux de plomb.	L'évaporation de quelques litres de bière jusqu'à siccité ; traiter le résidu par l'acide nitrique étendu d'eau, filtrer le liquide qu'on séparera en deux parties. Addition dans l'une d'un excès d'ammoniaque, et dans l'autre de chromate de potasse.	
SIROP DE CAPILLAIRE	Fleurs autres que le capillaire.	Quelques gouttes d'ammoniaque.	Si le sirop contient du capillaire, il prendra une belle couleur jaune d'or.
SIROP DE GOMME	Ne contenant pas de gomme.	Verser dans une éprouvette une partie de sirop et neuf parties d'alcool, puis agiter fortement pendant 5 à 6 minutes.	La gomme se précipitera en flocons légers sous forme de filaments adhérents aux parties de l'éprouvette.
SIROP DE GROSEILLES	Des matières colorantes.	Quelques gouttes d'ammoniaque.	Le sirop de groseilles se colore en vert ou vert brunâtre. Si la coloration du sirop est factice, il ne changera pas ou prendra une couleur violacée.
SIROP DE GUIMAUVE	Sirop de glucose aromatisé avec de l'eau de fleurs d'oranger.	Quelques gouttes d'ammoniaque.	Si le sirop de guimauve est de bonne qualité, il prend une couleur jaune verdâtre.
SIROP DE VIOLETTES	D'autres fleurs.	Quelques gouttes d'ammoniaque.	Le véritable sirop de violettes se colore en vert.
VINAIGRE	Acide sulfurique.	Verser quelques gouttes d'eau de baryte dans le vinaigre suspecté.	Le vinaigre se trouble aussitôt et forme un précipité blanc abondant. (Un léger trouble est naturel au vinaigre).

SUBSTANCES	FALSIFIÉES ou altérées par	TRAITÉES PAR	RÉSULTAT dénonçant la fraude ou l'altération.
VINAIGRE (Suite) (*)	Autres acides.	Délayer dans un décilitre de vinaigre 5 grammes de fécule de pommes de terre, faire bouillir une demi-heure.	Si le vinaigre est naturel, la fécule ne sera pas désagrégée au point de ne pas bleuir par l'iode que l'on y ajoutera après un complet refroidissement du liquide. La coloration bleue doit être intense.
	Mélange de vinaigre, d'eau et de sel.	Nitrate d'argent	Quelques gouttes de nitrate d'argent versées sur un peu de vinaigre placé dans un verre suffisent pour constater la présence du sel dans le vinaigre.
VINS	Addition d'eau, de cidre, de poiré, d'alcool, de sucre, de mélasse, d'acides tartriques, acétiques et tanniques, de craie, de plâtre, d'alun, de sulfate de fer, de carbonate de potasse, de carbonate de soude, de matières colorantes étrangères, d'amandes amères,	Pour déterminer la proportion de l'alcool, on mesure trois volumes du vin à essayer et on en retire un de produit alcoolique, opération que l'on fait au moyen d'un petit alambic en cuivre. Pour reconnaître la proportion du tartre on évapore du vin en	Le degré de cet alcool étant mesuré au moyen de l'alcoomètre centésimal, on divise ce degré par trois, et l'on a pour quotient la quantité d'alcool absolu renfermé dans le vin. La matière colorante devient verdâtre par le contact des alcalis ; la teinte va-

(*) Le vinaigre vendu dans le commerce contient souvent des substances étrangères nuisibles à la santé. Certains, sous prétexte d'augmenter la force ou la qualité de ce liquide sont dans l'usage d'y introduire des acides minéraux ou des mèches soufrées qui, lors de leur combustion, produisent l'acide sulfurique.

L'usage intérieur du vinaigre qui contient de l'acide sulfurique est nuisible à la santé, et l'emploi de cet acide dans le vinaigre est puni par la loi du 27 mars 1851.

Il y a aujourd'hui plusieurs recettes pour produire des vinaigres factices, c'est-à-dire sans vin. Ces innovations sont permises à la science lorsqu'il est bien constaté qu'elles ne sont pas de nature à compromettre la santé des consommateurs ; mais alors ces vinaigres doivent être vendus comme vinaigres factices et non pour du vinaigre naturel de vin.

SUBSTANCES	FALSIFIÉES ou altérées par	TRAITÉES PAR	RÉSULTAT dénonçant la fraude ou l'altération.
V I N S (Suite)	de feuilles de laurier-cerise, ou de la litharge.	consistance d'extrait, et l'on traite par l'alcool à 82° centésim. Après avoir calciné le produit dans un creuset, on en fait l'essai alcalimétrique avec l'acide sulfurique : 1 gr. de bitartrate de potasse sature exactement 9° 75 d'acide sulfurique préparé avec 100 gr. acide à 66°, et 1.800 d'eau distillée.	rie suivant l'âge du vin, mais il ne se forme pas de précipité ; l'ammoniaque donne la même teinte : l'alun fournit un précipité gris sale.
	Fuschinés.	On introduit 5 à 6 grammes de vin suspect dans un flacon ordinaire de 30 grammes de capacité. On ajoute 8 à 10 gouttes d'ammoniaque et l'on remplit le flacon aux trois quarts d'éther ordinaire des pharmacies. On agite vivement et l'on abandonne le mélange au repos pendant 3 à 4 minutes. On décante une partie de cet éther dans un autre flacon et on ajoute de l'acide acétique jusqu'à réaction acide ; si le vin contient de la fuschine, on voit se former au fond une couche aqueuse plus ou moins colorée en rose.	La fuschine est transformée dans cette manipulation en rosaniline incolore, que l'éther enlève : l'acide acétique transforme de nouveau la rosaniline en un sel coloré qui tombe au fond de l'eau.

FORMULES DIVERSES

N° 1. — *Déclaration d'ouverture d'un établissement.*

Le soussigné (*nom, prénoms*) né à....., exerçant la profession de..... domicilié à....., rue.....

Déclare, en exécution de l'art. 2 de la loi du 17 juillet 1880, qu'il a l'intention d'ouvrir rue......, un (café, cabaret ou débit de boissons).

S'il s'agit d'une gérance, ajouter :

En qualité de gérant du sieur (*nom, prénoms*), exerçant la profession de....., domicilié à......

Fait à....., le..... 19...

Signature.

N° 2. — *Mutation dans la personne du propriétaire ou du gérant.*

Le soussigné (*nom, prénoms*), né à....., exerçant la profession de....., domicilié à....., rue....

Déclare céder son établissement au sieur (*nom, prénoms*), domicilié à.....

S'il s'agit d'un changement de gérant, dire :

Déclare prendre pour gérant de son établissement aux lieu et place du sieur X.... le sieur (*nom, prénoms*), né à....., exerçant la profession de....., domicilié à......

Fait à....., le.....19...

Signature.

N° 3. — *Translation de débit d'un lieu à un autre.*

Le soussigné (*nom, prénoms*), exerçant la profession de (*cafetier, cabaretier ou débitant de boissons*), domicilié à....., rue.....

Déclare, en exécution de l'article 2 de la loi du 17 juillet 1880, qu'il est dans l'intention de transférer son établissement rue...... n°...

Fait à....., le..... 19...

Signature.

N° 4. — *Demande d'ouverture d'un débit à l'occasion d'une foire ou d'une fête publique.*

Le soussigné (*nom, prénoms*), exerçant la profession de....., domicilié rue....., à.....

A l'honneur de solliciter de Monsieur le Maire l'autorisation d'ouvrir un débit de boissons *ou* un café à (*indiquer la rue ou le lieu*) pour la durée de la foire *ou* de la fête.

Fait à....., le..... 19...   *Signature.*

N° 5. — *Déclaration d'ouverture d'un hôtel ou d'une auberge.*

Le soussigné (*nom, prénoms, profession*), a l'honneur d'informer Monsieur le Maire qu'il a l'intention d'ouvrir à partir du..... une maison à usage d'(*hôtel, auberge, garni, etc.,*) située rue..., n°....., à l'enseigne de....., le priant de vouloir bien lui donner acte de cette déclaration.

Fait à....., le....., 19...   *Signature.*

N° 6. — *Demande d'autorisation de donner des concerts.*

Le soussigné (*nom, prénoms*), cafetier, demeurant rue......

A l'honneur de solliciter de Monsieur le Maire l'autorisation de donner dans un établissement qu'il exploite rue....., n°..., des concerts journaliers, promettant à l'avance de se conformer strictement aux lois et règlements de police.

Fait à....., le....19...   *Signature.*

N° 7. — *Demande en décharge et réduction du droit de patente, lorsque le contribuable est taxé deux fois dans la même commune.*

Le soussigné *(nom prénoms, profession et domicile)*, a l'honneur d'exposer à Monsieur le préfet de....., qu'en sa qualité de *(indiquer ici la profession)*, il se trouve, ainsi qu'il résulte des extraits de rôle et avertissements ci-joints, imposé deux fois pour son droit de patente dans la commune de..... ; il prie en conséquence Monsieur le préfet de le décharger du surcroît de taxe que lui impose ce double emploi, contraire au vœu de la loi.

Fait à....., le..... 19...   *Signature.*

N° 8. — *Réclamation du contribuable auquel le droit fixe de la patente a été compté dans deux communes différentes.*

Le soussigné *(nom, prénoms, profession et domicile)*, a l'honneur d'exposer à Monsieur le préfet que le droit fixe de sa patente lui a été imposé dans les deux communes de .... et de.... comme cela résulte des extraits de rôle et quittances ci-annexés. Cette double taxe étant contraire à la loi, le soussigné pense qu'il suffira de la signaler à Monsieur le préfet pour que la cote de ses impositions soit diminuée de la somme de.....

Fait à....., le.... 19....   *Signature.*

N° 9. — *Réclamation du contribuable surtaxé pour son droit de patente, par erreur dans l'évaluation des loyers et dans l'application du droit proportionnel.*

Le soussigné *(nom, prénoms, profession et domicile)*, expose à Monsieur le préfet de...., qu'il résulte des pièces ci-jointes que pour la fixation du droit proportionnel de sa patente, son loyer a été évalué à ... fr. tandis qu'il n'est réellement que de... fr., comme il

offre de le prouver par l'acte de bail et les quittances
de loyers, et que par conséquent le droit proportionnel de la susdite patente doit être de .. fr., et non pas
de.... fr. Le soussigné espère que Monsieur le préfet
le dégrèvera de la surtaxe provenant de cette erreur.

---

*Si le réclamant est propriétaire de la maison dont il
prétend que la valeur locative a été exagérée dans l'évaluation, la réclamation peut être rédigée ainsi qu'il suit :*

Le soussigné (*nom, prénoms, profession et domicile*),
expose à Monsieur le préfet de...., que le droit proportionnel de sa patente étant, comme il appert des
quittances, commandements ou extraits de rôle ci-joints,
fixé à la somme de..., la valeur locative qui a servi de
base à la fixation de ce droit proportionnel est de... ;
que cette valeur locative a été considérablement exagérée, attendu que (*exprimer ici les motifs, s'il y en a de
concluants, pour lesquels l'évaluation se trouve exagérée*).
Le soussigné ose espérer que Monsieur le préfet, convaincu de cette erreur dans l'évaluation de la valeur
locative, laquelle erreur pourrait du reste être prouvée
à dire d'experts, n'hésitera pas à le décharger de la
surtaxe provenant de cette fausse évaluation.

Fait à....., le..... 19...   *Signature.*

Nº 10. — *Réclamation du contribuable surtaxé par
erreur dans l'application du droit fixe de patente.*

Le soussigné (*nom, prénoms, profession et domicile*),
expose à Monsieur le préfet de... ., qu'une erreur a
été commise dans l'application du droit fixe de la
patente ; que sa profession de (*indiquer la profession*) n'assujettit, dans les villes de (*indiquer le nombre
d'habitants*), qu'à un droit fixe de (*indiquer la somme*),
et que, contrairement à cette disposition de la loi, il
lui est imposé un droit fixe de (*indiquer le chiffre*),
ainsi que cela résulte des quittances, commandements

ou extraits de rôle ci-joints. Le soussigné demande à être déchargé de cette surtaxe.

Fait à...., le..... 19..   *Signature.*

N° 11. — *Réclamation des héritiers du contribuable, pour faire décharger la succession des droits de patente, lorsqu'ils ne veulent pas continuer la profession du défunt, ou qu'ils exercent déjà une profession sujette à une patente.*

Le soussigné (*nom, prénoms, profession et domicile*), fils (*ou frère, veuve, etc.*), de (*indiquer ici les nom, prénoms, profession et domicile du défunt,*) décédé le... (*indiquer la date du décès*), ainsi qu'il résulte de l'extrait ci-annexé des registres de l'état civil, a l'honneur de déclarer par les présentes à Monsieur le préfet ne pas vouloir continuer la profession exercée à... par le susdit N... décédé, et demande à être déchargé (*ou déchargée*), à dater du 1ᵉʳ du mois qui a suivi le décès précité, de la patente que payait son père (*ou frère, mari, etc.*), et dont les quittances, commandements ou extraits de rôle sont ci-joints.

Si le réclamant veut continuer la profession du défunt et se faire décharger de la patente, parce qu'il exerce déjà une profession soumise à la patente, la réclamation doit commencer comme ci-dessus jusqu'à la fin du premier alinéa et continuer ainsi :

Déclare à Monsieur le préfet vouloir continuer la profession exercée par le susdit N... décédé ; mais attendu qu'il est déjà soumis à la patente pour la profession de (*indiquer la profession pour laquelle le réclamant paie patente*), ainsi qu'il résulte des quittances, commandements ou extraits de rôle ci-joints.

Demande que les deux patentes soient confondues, de manière qu'il n'ait à payer que la patente de celle de ces professions qui est le plus imposée.

Fait à...., le..... 19...   *Signature.*

N° 12. — *Réclamation pour réduction de la taxe
des mesures.*

Le soussigné (*nom, prénoms, profession et domicile*),
expose à Monsieur le préfet que l'assortiment des mesures obligatoires pour sa profession de (*rappeler ici la
profession*), est de (*énumérer les mesures qui compo-
sent cet assortiment*) ; que la taxe de vérification pour
cet assortiment de mesures est de (*porter ici la taxe
réduite de l'assortiment*) ; et que c'est donc par erreur
que les commandements, *ou bien* les quittances, *ou*
l'extrait de rôle ci-joints portent ladite taxe à la somme de..., ce qui provient ou d'une fausse application
du tarif, ou de ce que la taxe a été calculée sur un
assortiment plus fort que celui qui est obligatoire pour
la profession de....

Par ces motifs le soussigné demande à être déchargé
de la dite surtaxe.

Fait à....., le..... 19...   *Signature.*

N° 13. — *Demande de remise ou modération de taxe,
soit de patente, soit des mesures, pour malheurs et
pertes survenus dans la profession.*

Le soussigné (*nom, prénoms, profession et domicile*),
a l'honneur d'exposer à Monsieur le préfet que (*faire
connaître les faits et pertes qui ont donné lieu à la demande en remise ou modération de taxe ; énoncer les
pièces produites en preuve de ces faits et pertes*) ;

Il demande en conséquence qu'en considération des
pertes par lui éprouvées par suite des faits énoncés
ci-dessus, il lui soit fait remise de ses droits de patente
et de sa taxe des poids et mesures.

Fait à....., le..... 19...   *Signature.*

166-05. — Imprimerie des Orphelins-Apprentis
40, rue La Fontaine, Paris-Auteuil